Ajax

Christian Wenz

Ajax

schnell + kompakt

entwickler.press

Christian Wenz
Ajax
schnell + kompakt
ISBN 978-3-939084-81-5

© 2007 entwickler.press,
ein Imprint der Software & Support Verlag GmbH

2. vollständig aktualisierte Auflage, 2007

http://www.entwickler-press.de
http://www.software-support.biz

Ihr Kontakt zum Verlag und Lektorat: lektorat@entwickler-press.de

Bibliografische Information Der Deutschen Bibliothek
Die Deutsche Bibliothek verzeichnet diese Publikation in der
Deutschen Nationalbibliografie; detaillierte bibliografische Daten
sind im Internet über http://dnb.ddb.de abrufbar.

Korrektorat: Petra Kienle
Satz: text & form GbR, Carsten Kienle
Umschlaggestaltung: Caroline Butz
Belichtung, Druck und Bindung: M.P. Media-Print Informations-
technologie GmbH, Paderborn.
Alle Rechte, auch für Übersetzungen, sind vorbehalten. Reproduktion jeglicher Art (Fotokopie, Nachdruck, Mikrofilm, Erfassung auf elektronischen Datenträgern oder andere Verfahren) nur mit schriftlicher Genehmigung des Verlags. Jegliche Haftung für die Richtigkeit des gesamten Werks kann, trotz sorgfältiger Prüfung durch Autor und Verlag, nicht übernommen werden. Die im Buch genannten Produkte, Warenzeichen und Firmennamen sind in der Regel durch deren Inhaber geschützt.

Inhaltsverzeichnis

Vorwort	7
Kapitel 1: Ajax-Grundlagen	13
1.1 Das XMLHttpRequest-Objekt	14
Historie	14
Das Objekt instanziieren	16
1.2 Eine HTTP-Anfrage senden	20
Eine einfache Anfrage	20
Parameter per GET und POST	27
Anfragen vorzeitig abbrechen	32
Die HTTP-Antwort auswerten	33
Kapitel 2: Ajax und XML	39
2.1 XML per Ajax laden	40
2.2 XML weiterverarbeiten	42
2.3 XPath	49
2.4 XSLT	56
Kapitel 3: JSON	63
3.1 Die JSON-Syntax	64
3.2 Beispielanwendung Yahoo! JSON	68
Kapitel 4: Ajax-Probleme und -Lösungen	73
4.1 Bookmarks ermöglichen	76
4.2 Die Zurück-Schaltfläche	85
Kapitel 5: Ajax – Tipps und Tricks	93
5.1 Ladezustand ermitteln	93
5.2 Ajax-Timeouts	98

Inhaltsverzeichnis

Kapitel 6: Ajax serverseitig — **101**
6.1 Sajax — 102
6.2 ASP.NET AJAX — 108

Kurzreferenz — **115**

Stichwortverzeichnis — **117**

Vorwort

Den Begriff „Ajax" gibt es schon lange. Doch sucht man danach bei einer Suchmaschine, tauchen der Allzweckreiniger, das holländische Fußballteam und die Figuren aus Homers Ilias erst recht weit hinten auf. Stattdessen steht Ajax mittlerweile vor allem für einen Kunstbegriff, den Jesse James Garrett Anfang 2005 formte. Gemäß seinem Essay (siehe *http://www.adaptivepath.com/ publications/essays/archives/000385.php*) steht das Akronym für *Asynchronous JavaScript + XML*. Nicht nur merkwürdig, dass das Plus-Zeichen (englisch *and*) einen eigenen Buchstaben im Kürzel erhält (das zweite *A*), sondern auch sonst wirkt der Begriff „Ajax" eher wie ein Marketinginstrument. Asynchron muss das Ganze nämlich gar nicht sein (auch, wenn das sehr sinnvoll ist) und XML ist ebenfalls keine Pflicht. Mittlerweile ist auch Garrett von diesem Akronym abgekommen und verwendet Ajax inzwischen als feststehenden Begriff.

Dennoch, das Ganze scheint ein sogenannter *Tipping Point* gewesen zu sein. Seitdem es den Begriff gibt, kann man sich auch über die Technologie besser unterhalten. Technologischer Vorreiter ist aber die Firma Google, die mit Diensten wie Google Suggest, Google Mail oder Google Map schon lange auf Ajax setzt, noch bevor es den dazugehörigen Begriff gab.

Doch worum geht es überhaupt? Normalerweise gibt es nur eine Möglichkeit, das Aussehen einer Webseite zu verändern: durch Neuladen. Mit ein wenig JavaScript und Tricks wie beispielsweise versteckten Frames ließ sich das umgehen, doch im Massenmarkt kamen diese Ansätze nicht an. Unter anderem deswegen, weil die Implementierung relativ mühsam war und das Ganze eher als „Hack", denn als seriöse Entwicklungstechnik galt.

Vorwort

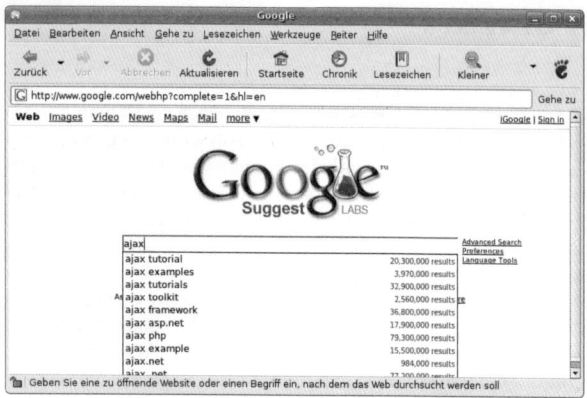

Google Suggest – Google schlägt dynamisch Suchbegriffe vor

Dann entwickelte Microsoft für den Eigengebrauch eine Möglichkeit, im Hintergrund eine HTTP-Abfrage an einen Server zu schicken und die Rückgabe auszuwerten. Per JavaScript ließ sich diese Rückgabe dann auf der aktuellen Seite anzeigen, ohne dass der gefürchtete „Page Refresh" (das Neuladen) einsetzte.

Andere Browser-Hersteller zogen nach und bauten diese Funktionalität ebenfalls in ihre Produkte ein. Google war eine der ersten Firmen, die das aktiv nutzten. Viele weitere folgten, im deutschen Raum beispielsweise die dynamische Landkartensuche von GoYellow.

Und in der Tat: Mehr steckt hinter Ajax eigentlich auch nicht, wenngleich der momentane Hype das vermuten ließe. Aus diesem Grund habe ich mich auch lange dagegen gesträubt, ein Buch über Ajax zu schreiben. Die Technologie selbst beschrieb ich bereits vor Jahren, damals jedoch noch ohne den schmucken

Begriff. Außerdem wollte ich kein Buch mit mehreren hundert Seiten zu Ajax schreiben, während die Technologie selbst auf gut 100 Seiten erschöpfend behandelt werden kann. Wie sollte ein solches Buch aussehen? Vermutlich würde es viel Füllwerk enthalten, beispielsweise einen JavaScript-Grundkurs oder viele komplexe, unflexible Beispiele oder ausführliche Beschreibungen von Ajax-Frameworks.

Die dynamische Landkartensuche von GoYellow

Ungefähr zeitgleich entwickelte ich zusammen mit Tobias Hauser und Erik Franz von entwickler.press eine neue Buchreihe namens „schnell und kompakt", die spezifische Themen ohne langes Drumherum auf rund 100 Seiten abhandeln sollte. Wir zählten eins und eins zusammen: In genau so einem Format sollte Ajax beschrieben werden, und nicht anders!

Vorwort

Sie halten hiermit einen der ersten Titel (und den erfolgreichsten!) der Buchreihe in Händen, nach einigen aktualisierten Nachdrucken mittlerweile in der zweiten Auflage. Die Reihe selbst ist inzwischen stark angewachsen und weist über ein Dutzend Titel auf, Tendenz steigend. In diesem Buch geht es also nur um Ajax, und zwar im folgenden Aufbau:

- Kapitel 1 beschreibt die technischen Grundlagen von Ajax, das sogenannte XMLHttpRequest-Objekt. Dieses Kapitel erklärt, wie Ajax funktioniert, und zeigt zahlreiche Beispiele auf.
- Kapitel 2 zeigt, wie XML mit Ajax verwendet werden kann. Dieses Kapitel stellt etwas komplexere JavaScript-Möglichkeiten in den Bereichen XML, XPath und XSLT dar, legt dabei aber Wert auf ein browserunabhängiges Vorgehen.
- Kapitel 3 stellt JSON vor, ein spezielles Format, mit dem JavaScript-Objekte bequem in einen String umgewandelt werden können und vice versa.
- Kapitel 4 kümmert sich um zwei der größten Beschränkungen von Ajax: Es können keine Bookmarks gesetzt werden und die Zurück-Schaltfläche im Browser funktioniert nicht mehr. Für beide Einschränkungen werden Lösungsansätze vorgestellt und implementiert.
- Kapitel 5 versorgt Sie mit ein paar nützlichen Tipps und Tricks für Ajax, insbesondere in Hinblick auf langsame Internetverbindungen und die daraus entstehenden Konsequenzen.
- Kapitel 6 zeigt auf, wie Ajax-Anwendungen mit serverseitigen Technologien kommunizieren, und stellt für relevante Webtechnologien entsprechende Frameworks kurz vor.
- Kapitel 7 enthält eine Kurzreferenz zum bereits angesprochenen XMLHttpRequest-Objekt.

Sie finden also insbesondere keine JavaScript-Einführung; profunde Kenntnisse in der Sprache, insbesondere im Bereich DOM, werden vorausgesetzt. Auch legt sich das Buch auf keine serverseitige Technologie fest. Wann immer möglich, wird ohne serverseitige Mittel gearbeitet, um nicht von vornherein bestimmte Technologien auszuschließen.

Aus diesem Grund sind die Beispiele von der Funktionalität her meist einfach gehalten, denn der Schwerpunkt liegt auf der Vermittlung der entsprechenden technologischen Hintergründe. Einige für die Funktionalität unwichtige Details (etwa bestimmte Elemente einer HTML-Seite) wurden, sofern möglich und sinnvoll, weggelassen.

Diese Beispiele lassen sich dann an alle erdenklichen Ajax-Anforderungen anpassen. Wann immer es system- oder browserspezifisch wird, erfolgt ein expliziter Hinweis darauf. Ist kein solcher Hinweis vorhanden, wurden alle Beispiele mit den folgenden verbreiteten Browsern getestet: Internet Explorer (Version 6 und 7), Firefox (und andere Mozilla-Browser), Opera, Konqueror und Safari.

Im Supportbereich unter *http://www.hauser-wenz.de/support/* finden Sie Errata und Updates zu diesem Buch sowie alle Buchbeispiele zum Download. Im Weblog unter *http://www.hauser-wenz.de/blog/* gibt es regelmäßig neue Einträge zu verschiedenen Themen der modernen Webentwicklung, natürlich auch zu Ajax. Über Ihr Feedback, sowohl zur Buchreihe an sich als auch zu diesem Buch, freue ich mich sehr. Auch für Fehlermeldungen bin ich dankbar. Unter *http://www.hauser-wenz.de/support/kontakt/* können Sie mit mir Kontakt aufnehmen. Fragen zum Buch beantworte ich meist innerhalb eines Arbeitstags, einen allgemeinen Gratis-Support für Ajax kann ich leider nicht leisten.

Bleibt mir nur noch, Ihnen viel Vergnügen mit dem Buch zu wünschen. Wenn Sie eine spannende Ajax-Anwendung erstellt haben, lassen Sie es mich wissen!

Christian Wenz

im August 2007

P.S.: Leser von Vorauflagen können sich unter anderem über folgende Neuerungen freuen: viele Detailverbesserungen, ein neues Kapitel zum Umgang mit Latenz und auf vielfachen Wunsch bessere Konqueror- und Safari-Unterstützung des „Bookmark-Hack". Vielen Dank an alle, die mir Vorschläge, Anregungen und Errata geschickt haben!

KAPITEL 1

Ajax-Grundlagen

1.1	Das XMLHttpRequest-Objekt	14
1.2	Eine HTTP-Anfrage senden	20

Während die Einleitung bereits in groben Zügen erklärt hat, was sich hinter Ajax wirklich verbirgt, dreht sich in diesem Kapitel alles um die technischen Details. Sie erfahren, wie Sie selbst einfache Ajax-Effekte erzielen können.

Von dem ganzen optischen Brimborium aktueller Ajax-Anwendungen einmal abgesehen, ist der Fokus schlicht der Datenaustausch im Hintergrund: Wie werden Daten an den Server übertragen? Wie ist es möglich, Daten an den Client zurückzuschicken?

Richtig sinnvoll ist eine Ajax-Anwendung erst dann, wenn serverseitige Mittel zum Einsatz kommen, also beispielsweise PHP oder ASP.NET. Um jedoch die Beispiele in diesem Kapitel einer möglichst breiten Masse zu erschließen, werden lediglich clientseitige Mittel eingesetzt. Auch, wenn ein Webserver im Hintergrund werkelt: Die Beispiele in diesem Kapitel arbeiten lediglich mit statischen HTML-Seiten und natürlich JavaScript-Code. Damit sollten alle Beispiele auf jedem System laufen, das JavaScript unterstützt.

1 – Ajax-Grundlagen

Hinweis

In Kapitel 5 erfahren Sie einiges über serverseitige Frameworks, die den Umgang mit Ajax erleichtern können.

1.1 Das XMLHttpRequest-Objekt

Grundpfeiler von Ajax ist das bereits angesprochene XMLHttpRequest-Objekt, das den Datenaustausch mit einem Webserver ermöglicht, jedoch ganz ohne den gefürchteten „Page Refresh" (dem Neuladen und vor allem Neuaufbau der Seite).

Historie

Ursprünglich war das Ganze eine Erfindung von Microsoft. Ende der 90er Jahre sollte eine neue Version von Outlook Web Access erscheinen, dem Browser-Frontend für das Microsoft-Mailprogramm. Das erforderte aber einen Datenaustausch im Hintergrund. Stellen Sie sich beispielsweise den Posteingang in einem Browser-Fenster vor. Wenn dieser alle paar Minuten neu abgefragt wird, aber keine Mail eintrifft, ändert sich zwar nichts an den angezeigten Daten, aber die Seite baut sich bei jeder neuen Datenanforderung wieder neu auf.

Zwar gab es schon damals einige Mechanismen, um im Hintergrund Daten auszutauschen. In der Regel behalf man sich mit unsichtbaren Frames oder Iframes, die – unbemerkt vom Rest der Seite – permanent neu geladen werden konnten. Sollten neue Daten eintreffen, so fand das im Rahmen von JavaScript-Code statt, der dann auf den Rest der Seite einwirken und beispielsweise neue Mails anzeigen konnte.

Das funktionierte zwar alles recht gut, war aber nichtsdestotrotz ein Hack. Also wurde das Team des Internet Explorer kontaktiert und das XMLHttpRequest-Objekt ersonnen. Entsprechend dem

Geist dieser Zeit wurde das Ganze als ActiveX-Objekt implementiert und in Version 5.0 des Internet Explorer integriert. Das hatte nämlich den Vorteil, dass nicht nur JavaScript, pardon JScript, auf das Objekt zugreifen konnte, sondern auch VBScript. Zu diesem Zeitpunkt war der Browser-Krieg bekanntlich in vollem Gange und jeder Hersteller setzte stark auf eigene, proprietäre Technologien.

Outlook Web Access funktionierte also im Internet Explorer 5 tadellos (zumindest unter Windows – Mac-Nutzer schauen hier in die Röhre). Es sollte aber noch einige Jahre dauern, bis auch andere Browser-Hersteller Gefallen an der Idee des Datenaustauschs im Hintergrund fanden. Irgendwann machte sich das Mozilla-Projekt an die Arbeit, ein natives XMLHttpRequest-Objekt in seinen Browser zu integrieren – der ActiveX-Ansatz war mit dem betriebssystemunabhängigen Ansatz von Mozilla natürlich nicht vereinbar. Ab Mozilla 1.4 (das entspricht beispielsweise Netscape 7.1) war XMLHttpRequest mit an Bord; damit unterstützen natürlich auch alle darauf (oder auf Nachfolgerversionen) basierenden Mozilla-Derivate inklusive des populären Firefox-Browser diesen Grundpfeiler der Ajax-Technologie.

Andere Browser-Hersteller wollten dem nicht nachstehen. Da Microsoft den Internet Explorer unter Mac mittlerweile eingestellt hat, was sich schon längere Zeit angebahnt hatte, ist der Apple-eigene Webbrowser Safari inzwischen sehr populär (und als „cooler" gilt er so und so) und ab Version 3 auch unter Windows verfügbar. Dieser ist keine komplette Eigenentwicklung, sondern basiert auf dem Konqueror-Browser, dem Standardbrowser unter dem Linux-Fenstermanagementsystem KDE. Apple hat also das XMLHttpRequest-Objekt im eigenen Browser ab Version 1.2 nachgerüstet und den Quellcode dafür wiederum dem Konqueror-Projekt (ab Version 3.2) zur Verfügung gestellt. Ergebnis: Auch Konqueror ist Ajax-fähig. Der norwegische Opera-Browser, mittlerweile komplett kosten- und werbebannerfrei, unterstützt seit Version 8 das XMLHttpRequest-Objekt, sogar im mobilen Browser. Selbst der recht exotische Mac-Browser iCab unterstützt in Version 3 XMLHttpRequest.

Microsoft hat inzwischen das allgemeine Potenzial seiner einst proprietären Erfindung erkannt. Die neue Version 7.0 des Internet Explorer, die zusammen mit Windows Vista ausgeliefert wird, unterstützt das XMLHttpRequest-Objekt nativ. Das bedeutet, dass kein ActiveX mehr notwendig ist, sondern nur noch aktiviertes JavaScript.

Und selbst für äußerst exotische oder alte Browser gibt es Lösungsansätze, etwa durch Verwendung eingebetteter Java-Applets. Doch es ist offensichtlich, dass sich ein solcher Aufwand für eine vernichtend geringe Zielgruppe nicht lohnt. Deswegen genügt es in praktisch allen Fällen, auf XMLHttpRequest zu setzen.

Das Objekt instanziieren

Es ist also in nicht allzu ferner Zukunft so, dass alle aktuellen Browser das XMLHttpRequest-Objekt nativ unterstützen. Das bedeutet, dass es irgendwann einmal sehr simpel sein wird, das XMLHttpRequest-Objekt zu instanziieren:

```
var XMLHTTP = new XMLHttpRequest();
```

Leider ist dieser Ansatz – oder die Hoffnung darauf – zurzeit noch ein wenig kurzsichtig. Der Internet Explorer 7 ist ein Teil von Vista und ein (Pflicht-)Update für Windows XP, aber es wird noch sehr lange dauern, bis der Internet Explorer 6 keinen relevanten Marktanteil mehr hat und somit geflissentlich ignoriert werden kann. Einige Empfehlungen lauten ja immer noch, Internet Explorer 5 und 5.5 weiterhin zu unterstützen.

Das XMLHttpRequest-Objekt

Nun variieren je nach Zielgruppe der Website auch die Besuchergruppen. So haben beispielsweise sehr technologielastige Websites wie etwa *http://entwickler.com/* einen höheren Marktanteil alternativer Browser (allen voran Firefox) als General-Interest-Angebote. Hier hilft also nur ein Blick in die eigene Browser-Statistik, um zu entscheiden, wie groß der Aufwand für welche Zielgruppe am Ende denn sein soll.

Zum jetzigen Zeitpunkt ist es allerdings Pflicht, zumindest den Internet Explorer 6.0 noch in vollem Umfang zu unterstützen – schließlich führt dieser fast jede Browser-Statistik mit teilweise deutlichem Vorsprung an.

Das XMLHttpRequest-Objekt wird wie bereits erwähnt über ActiveX aktiviert. Der dazugehörige JavaScript-Code kann folgendermaßen aussehen:

```
var XMLHTTP =
  new ActiveXObject("Microsoft.XMLHTTP");
```

In älteren Versionen ist das XMLHttpRequest-Objekt noch in die XML-Bibliothek von Microsoft fest integriert. Diese Systeme kennen Microsoft.XMLHTTP nicht, verstehen jedoch folgenden Aufruf:

```
try {
  var XMLHTTP =
    new ActiveXObject("Msxml2.XMLHTTP");
} catch (ex) {
  try {
    var XMLHTTP =
      new ActiveXObject("Microsoft.XMLHTTP");
  } catch (ex) {
  }
}
```

1 – Ajax-Grundlagen

Profitipp

Es gibt noch einige aktuellere Versionen des XMLHttpRequest-Objekts, die mit neueren Versionen des Microsoft-XML-Parsers ausgeliefert werden. Dabei wird an Msxml2.XMLHTTP noch eine Versionsnummer angehängt, etwa .3.0, .4.0, .5.0 oder .6.0. Allerdings liefern auch die neueren Parser-Versionen von Microsoft noch die im vorherigen Code verwendeten „alten" Versionen mit, die völlig ausreichen.

Abschließend müssen diese zwei Ansätze (nun ja, eigentlich sind es zweieinhalb) noch in Einklang gebracht werden. Das geht mit einem weiteren try-catch-Block, der new XMLHttpRequest() versucht, oder Sie fragen von vornherein die Browser-Fähigkeiten ab. Das ist aus Performancegründen etwas besser, da das Abfangen einer Ausnahme aufwändiger ist als ein simpler Test auf das Vorhandensein eines JavaScript-Objekts.

In Abhängigkeit vom Browser-Typ bzw. seinen JavaScript-Fähigkeiten sieht die Überprüfung wie folgt aus:

- Der Internet Explorer kennt die Klasse window.ActiveXObject.
- Andere Browser kennen die Klasse window.XMLHttpRequest (die Klasse ist also unterhalb des window-Objekts aufgehängt).

Daraus ergibt sich der folgende Code, der browserunabhängig ein XMLHttpRequest-Objekt erstellt:

Listing 1.1: Erstellung eines XMLHttpRequest-Objekts (*XMLHttpRequest.html*)

```
<script type="text/javascript">
// <![CDATA[
var XMLHTTP = null;
if (window.XMLHttpRequest) {
  XMLHTTP = new XMLHttpRequest();
} else if (window.ActiveXObject) {
```

Das XMLHttpRequest-Objekt

Listing 1.1: Erstellung eines XMLHttpRequest-Objekts
(*XMLHttpRequest.html*) (Forts.)

```
  try {
    XMLHTTP =
      new ActiveXObject("Msxml2.XMLHTTP");
  } catch (ex) {

    try {
      XMLHTTP =
        new ActiveXObject("Microsoft.XMLHTTP");
    } catch (ex) {
    }
  }
}
// ]]>
</script>
```

Das erzeugt dann in allen JavaScript-fähigen Browsern ein XMLHttpRequest-Objekt. Falls das nicht klappt oder irgendein interner Fehler auftritt, hat die Variable XMLHTTP den Wert null. Die gute Nachricht: Die verschiedenen Implementierungen des XMLHttpRequest-Objekts sind kompatibel. Sie können also im Wesentlichen explizit für einen Browser entwickeln.

Hinweis

Nur der Vollständigkeit halber soll erwähnt werden, dass auch einige ältere Browser-Versionen eine XMLHttpRequest-Funktionalität durch die Hintertür erhalten können: Java-Applets können HTTP-Verbindungen aufbauen und Java-Applets lassen sich ebenfalls per JavaScript steuern. Wägt man den Aufwand gegen den Nutzen ab, kommt man aber zu dem Schluss, dass diese Extraarbeit in der Regel nicht geleistet werden muss.

1.2 Eine HTTP-Anfrage senden

Das XMLHttpRequest-Objekt besitzt von sich aus eine ganze Reihe von Methoden und Eigenschaften, die zur Verarbeitung von Anfragen wichtig sind. Das allgemeine Vorgehen ist jedoch immer dasselbe:

1. Sie erzeugen eine HTTP-Anfrage (inklusive eventueller optionaler Parameter oder Header-Informationen).
2. Sie senden die HTTP-Anfrage an den Webserver.
3. Sie reagieren asynchron per Callback-Methode darauf, dass der Webserver ein Ergebnis liefert (oder auch nicht).

Hinweis

Sie können im dritten Schritt synchron auf das Ergebnis reagieren. Das bedeutet, dass die Skriptausführung „steht", bis der Server ein Ergebnis liefert. Das ist in der Regel nicht empfehlenswert, denn Ihr JavaScript-Code (und auch die Benutzer) hat sicherlich Nützlicheres zu tun, als zu warten, bevor es weitergehen kann.

Eine einfache Anfrage

Die Methode open() des XMLHttpRequest-Objekts dient dazu, eine HTTP-Anfrage zu erstellen, sie aber nicht abzuschicken. Es wird nicht einmal eine Serververbindung aufgebaut, auch wenn das der Name der Methode möglicherweise vermuten ließe.

In der Methode open() sind zwei Parameter erforderlich:

1. Die HTTP-Methode, die zum Einsatz kommen soll, also beispielsweise GET oder POST. Es sind aber auch andere Methoden möglich, sofern diese vom Webserver unterstützt werden, beispielsweise HEAD.

Eine HTTP-Anfrage senden

2. Der URL, an den die Anfrage geschickt werden soll. Wenn Sie GET als Methode verwenden, müssen Sie natürlich hier die entsprechenden Parameter gleich mit angeben.

Hinweis

Als optionalen dritten Parameter können Sie angeben, ob die Kommunikation asynchron sein soll (true) oder nicht (false, Standardwert). Doch Letzteres ist wie bereits angedeutet nicht empfehlenswert. Als optionalen vierten und fünften Parameter können Sie einen Benutzernamen und ein Passwort für die HTTP-Authentifizierung angeben. Die beiden letzteren Daten sollten wenn dann nur vom Benutzer selbst kommen; Passwörter im Klartext haben in JavaScript-Code wenig zu suchen.

Hier einige Beispiele:

```
XMLHTTP.open("POST", "seite.php", true);

XMLHTTP.open("GET", "seite.aspx?parameter=wert");

XMLHTTP.open("HEAD", "/", false, "Name", "Pwd.");
```

Damit das Ganze überhaupt funktioniert, muss ein Mechanismus zum Einsatz kommen, der die Abfrage der HTTP-Antwort ermöglicht. Dazu ist ein Event-Handler für das Ereignis readystatechange anzugeben. Das XMLHttpRequest-Objekt bietet die Eigenschaft onreadystatechange, die auf eine entsprechende Behandlungsfunktion zeigen soll. Dafür gibt es zwei Möglichkeiten. Entweder, eine anonyme Funktion kommt zum Einsatz:

```
XMLHTTP.onreadystatechange = function() {
   // ...
};
```

1 – Ajax-Grundlagen

Oder es wird einfach auf eine entsprechende Funktion verwiesen:

```
XMLHTTP.onreadystatechange = Funktion;

function Funktion() {
  // ...
}
```

Profitipp

Aus Gründen der Übersichtlichkeit des Codes ist der Weg der Auslagerung in eine eigene Funktion meist vorzuziehen. Dazu ist es aber auf jeden Fall erforderlich, das XMLHttpRequest-Objekt in einer globalen Variablen abzulegen.

Diese Funktion – auch Callback-Funktion genannt – wird jedes Mal aufgerufen, wenn sich der Zustand der HTTP-Anfrage ändert. Das XMLHttpRequest-Objekt definiert dazu fünf verschiedene Zustände:

Tabelle 1.1: Zustände für das XMLHttpRequest-Objekt

Zustand	Beschreibung
0	Nicht initialisiert
1	Lädt gerade
2	Fertig geladen
3	Wartet auf Rückgabe
4	Vollständig

Die fünf Zustände aus Tabelle 1.1 stehen im XMLHttpRequest-Objekt über die Eigenschaft readyState zur Verfügung. Beim normalen Lebenszyklus eines Aufrufs durchläuft readyState nachein-

Eine HTTP-Anfrage senden

ander die Werte von 1 bis 4. Interessant ist jedoch in den meisten Fällen nur der Wert 4, denn das bedeutet, dass die HTTP-Abfrage vollständig gesendet worden ist und auch schon ein Ergebnis vorliegt.

Dann können in der Callback-Funktion unter anderem diese Daten abgefragt werden:

- responseText – die Rückgabe der HTTP-Anfrage als Java-Script-String
- responseXML – die Rückgabe der HTTP-Anfrage als JavaScript-XML-DOM-Element (siehe dazu Kapitel 2)
- status – der vom Server gelieferte HTTP-Statuscode
- statusText – der Beschreibungstext des vom Server gelieferten HTTP-Statuscodes

Um den gesamten Prozess in Gang zu setzen, muss die HTTP-Anfrage letztendlich an den Server geschickt werden. Dazu dient die Methode send() des XMLHttpRequest-Objekts. Als Parameter übergeben Sie zunächst nur null; im nächsten Kapitelabschnitt sehen Sie, was Sie sonst noch übergeben könnten.

```
XMLHTTP.send(null);
```

Auf dem Server liegt nun eine simple Textdatei namens *daten.txt* mit folgendem Inhalt:

Listing 1.2: Die simplen Beispieldaten (*daten.txt*)

```
Ajax
```

Genau diese wird jetzt per Ajax abgefragt; das Ergebnis wird aus responseText ausgelesen. Zusätzlich gibt das folgende Listing auch noch die HTTP-Status-Informationen mit aus. Dazu dienen zwei Absätze (<p>-Elemente), auf die per JavaScript mittels document.getElementById() zugegriffen wird.

Listing 1.3: Die einfache HTTP-Anfrage (*HTTP-Anfrage.html*)

```javascript
<script type="text/javascript">
// <![CDATA[
var XMLHTTP = null;

if (window.XMLHttpRequest) {
  XMLHTTP = new XMLHttpRequest();
} else if (window.ActiveXObject) {
  try {
    XMLHTTP =
      new ActiveXObject("Msxml2.XMLHTTP");
  } catch (ex) {
    try {
       XMLHTTP =
         new ActiveXObject("Microsoft.XMLHTTP");
    } catch (ex) {
    }
  }
}

function DatenAusgeben() {
  if (XMLHTTP.readyState == 4) {
    var d = document.getElementById("Daten");
    var s = document.getElementById("Status");
    d.innerHTML += XMLHTTP.responseText;
    s.innerHTML += XMLHTTP.status + " (" +
                   XMLHTTP.statusText + ")";
  }
}
```

Eine HTTP-Anfrage senden

Listing 1.3: Die einfache HTTP-Anfrage (*HTTP-Anfrage.html*) (Forts.)

```
window.onload = function() {
  XMLHTTP.open("GET", "daten.txt", true);
  XMLHTTP.onreadystatechange = DatenAusgeben;
  XMLHTTP.send(null);
}
// ]]>
</script>
<body>
  <p id="Daten">Daten vom Server: </p>
  <p id="Status">HTTP-Status: </p>
</body>
```

Eine besondere Erwähnung verdient noch die Verwendung von `window.onload`. Das sorgt dafür, dass die HTTP-Anfrage erst dann abgesetzt wird, wenn die HTML-Seite komplett geladen worden ist. Insbesondere im Internet Explorer ist die Skriptausführung (vor allem wenn Caching mit im Spiel ist) so schnell, dass die Antwort vom Server schneller verfügbar ist als der Internet Explorer die eigentliche HTML-Seite komplett geladen und verarbeitet hat. Dann aber kann der Zugriff auf `document.getElementById("Daten")` und `document.getElementById("Daten")` fehlschlagen. Deswegen kommt dieser kleine Kniff zum Einsatz. Am Ende erscheint im Webbrowser der Text vom Server nebst dem HTTP-Status 200.

Hinweis

Andere, häufig verwendete HTTP-Statuscodes sind 404 (nicht gefunden – liegt also wohl ein Tippfehler vor) und 500 (interner Serverfehler – liegt also wohl ein Fehler im serverseitigen Skript vor).

1 – Ajax-Grundlagen

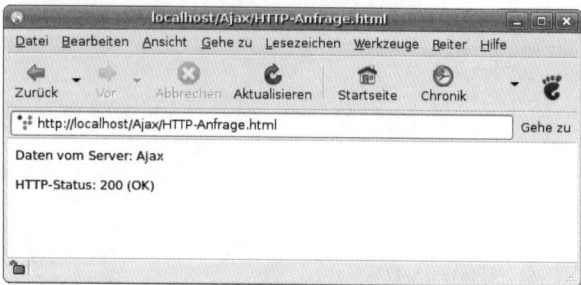

Abb. 1.1: Die Daten vom Server werden ausgegeben

Aus Sicherheitsgründen lassen alle Browser nur Zugriffe auf denselben Ursprung zu, auf dem die aktuelle Seite liegt. Der Ursprung wird durch drei Rahmenparameter bestimmt:

1. Die Domain (*www.entwickler.com* und *entwickler.com* sind in dieser Hinsicht verschiedene Domains!)
2. Der Port
3. Ob SSL verwendet wird (*https://...*) oder nicht (*http://...*)

Es ist also nicht möglich, per XMLHttpRequest auf eine andere Domain zuzugreifen und dort Daten abzurufen. Zwar lassen sich einige Browser so konfigurieren, dass diese so einen Zugriff dennoch erlauben, doch können Sie nicht davon ausgehen, dass ein Client so eingerichtet ist.

Hinweis

Mit der JavaScript-Eigenschaft document.domain lässt sich die Domain des aktuellen Dokuments anpassen, doch die Sicherheitsmodelle der einzelnen Browser lassen Änderungen nur innerhalb eines engen Rahmens (etwa von *www.entwickler.com* auf *entwickler.com*) zu.

Parameter per GET und POST

Im Zusammenhang mit serverseitigen Technologien erfordern dynamische Ajax-Anwendungen natürlich auch eine entsprechende Flexibilität. Deswegen sind Parameter notwendig, die dann per GET oder POST übergeben werden.

Dabei ist GET der einfachere Modus: Dort werden die entsprechenden Daten einfach hinten an den URL angehängt. Bei POST dagegen schickt der Client die Parameter nach dem HTTP-Header im eigentlichen Inhalt der HTTP-Anforderung mit.

Vorbereitungen

Das `XMLHttpRequest`-Objekt unterstützt beide Zugriffsmodi, jedoch leicht unterschiedlich. Um den Effekt zu reproduzieren, benötigen wir zunächst ein serverseitiges Skript, um die dynamischen Daten auszuwerten, die an den Server geschickt werden. Da dieses Buch technologieunabhängig sein soll, wird das Ganze in zwei Varianten durchgeführt: PHP und ASP.NET. Eine Portierung auf andere serverseitige Technologien ist jedoch trivial durchzuführen. Die PHP-Variante ist im Folgenden in allen Versionen abgedruckt, die Listings für ASP.NET befinden sich teilweise bei den Code-Downloads zu diesem Buch (siehe Vorwort).

Die folgenden Skripte geben GET- bzw. POST-Daten aus; genauer gesagt den Wert des GET- bzw. POST-Parameters a:

Listing 1.4: GET-Daten mit PHP ausgeben (*daten-get.php*)

```php
<?php
  if (isset($_GET['a']) &&
      is_string($_GET['a']) {
    echo htmlspecialchars($_GET['a']);
  }
?>
```

1 – Ajax-Grundlagen

Listing 1.5: POST-Daten mit PHP ausgeben (*daten-post.php*)

```php
<?php
  if (isset($_POST['a']) &&
      is_string($_POST['a'])) {
    echo htmlspecialchars($_POST['a']);
  }
?>
```

Listing 1.6: GET-Daten mit ASP.NET ausgeben (*daten-get.aspx*)

```
<script runat="server" language="c#">
void Page_Load() {
  if (Request.QueryString["a"] != null) {
    Response.Write(
      HttpUtility.HtmlEncode(
        Request.QueryString["a"]));
  }
  Response.End();
}
</script>
```

Listing 1.7: POST-Daten mit ASP.NET ausgeben (*daten-post.aspx*)

```
<script runat="server" language="c#">
void Page_Load() {
  if (Request.Form["a"] != null) {
    Response.Write(
      HttpUtility.HtmlEncode(
        Request.Form["a"]));
  }
  Response.End();
}
</script>
```

Versand per GET

Der Aufruf per GET ist dabei relativ einfach; es muss lediglich der URL bei der Methode open() angepasst werden. Hier eine gekürzte Version, die Daten – natürlich URL-kodiert – per GET an das PHP-Skript schickt (eine ASP.NET-Variante befindet sich bei den Buch-Downloads):

Listing 1.8: GET-Daten an PHP schicken (*HTTP-GET-PHP.html*)

```
<script type="text/javascript">
// <![CDATA[

// ...

function DatenAusgeben() {
  if (XMLHTTP.readyState == 4) {
    var d = document.getElementById("Daten");
    d.innerHTML += XMLHTTP.responseText;
  }
}

window.onload = function() {
  XMLHTTP.open(
    "GET", "daten-get.php?a=Ajax", true);
  XMLHTTP.onreadystatechange = DatenAusgeben;
  XMLHTTP.send(null);
}
// ]]>
</script>
<body>
  <p id="Daten">Daten vom Server: </p>
</body>
```

Nach kurzer Zeitverzögerung erscheint im Webbrowser der Text vom Server, also in diesem Fall der Wert des Parameters a, Ajax.

Versand per POST

Bei POST ist es etwas komplizierter. Werfen Sie dazu einen Blick auf eine typische HTTP-POST-Anfrage:

```
POST /Ajax/ziel.html HTTP/1.1
Host: localhost
User-Agent: Mozilla/5.0 (Windows; U; Windows NT 5.1; de;
rv:1.8.1.6) Gecko/20070725 Firefox/2.0.0.6
Accept: text/xml,application/xml,application/
xhtml+xml,text/html;q=0.9,text/plain;q=0.8,image/png,*/
*;q=0.5
Accept-Language: de-de,de;q=0.8,en-us;q=0.5,en;q=0.3
Referer: http://localhost/Ajax/quelle.html
Content-Type: application/x-www-form-urlencoded
Content-Length: 6

a=Ajax
```

Die wichtigen Elemente sind halbfett hervorgehoben. Die POST-Daten werden nach dem Header verschickt – dazwischen befindet sich also eine Leerzeile.

Ganz entscheidend jedoch ist der Eintrag Content-Type. Damit wird dem Server angegeben, auf welche Art und Weise die POST-Daten übertragen werden. Wird dieser Wert nicht auf das Angegebene gesetzt, nämlich application/x-www-form-urlencoded, erkennt der Server die POST-Daten nicht.

Um einen zusätzlichen HTTP-Header zu setzen, ist beim XMLHttp-Request-Objekt die Methode setRequestHeader() notwendig, die einen Namen und einen Wert erwartet. Diese Methode müssen Sie nach open(), aber vor send() aufrufen!

```
XMLHTTP.setRequestHeader("Content-Type",
  "application/x-www-form-urlencoded");
```

Eine HTTP-Anfrage senden

Die eigentlich zu sendenden Daten werden als Parameter in der Methode send() angegeben, also auf die folgende Art und Weise:

```
XMLHTTP.send("a=Ajax");
```

Das führt zu dem folgenden, vollständigen Beispiel (wiederkehrende Elemente wie die Instanziierung des XMLHttpRequest-Objekts wurden weggelassen):

Listing 1.9: POST-Daten an PHP schicken (*HTTP-POST-PHP.html*)

```
<script type="text/javascript">
// <![CDATA[

// ...

function DatenAusgeben() {
  if (XMLHTTP.readyState == 4) {
    var d = document.getElementById("Daten");
    d.innerHTML += XMLHTTP.responseText;
  }
}

window.onload = function() {
  XMLHTTP.open("POST", "daten-post.php", true);
  XMLHTTP.onreadystatechange = DatenAusgeben;
  XMLHTTP.setRequestHeader("Content-Type",
    "application/x-www-form-urlencoded");
  XMLHTTP.send("a=Ajax");
}
// ]]>
</script>
<body>
  <p id="Daten">Daten vom Server: </p>
</body>
```

1 – Ajax-Grundlagen

Hinweis

Wenn Sie mehrere Parameter schicken möchten, müssen Sie wie üblich die einzelnen Name-Wert-Paare durch ein kaufmännisches Und (&) voneinander trennen. Außerdem müssen alle Daten korrekt URL-kodiert werden, also beispielsweise %20 statt eines Leerzeichens (das den ASCII-Wert 32 hat, was hexadezimal der 20 entspricht).

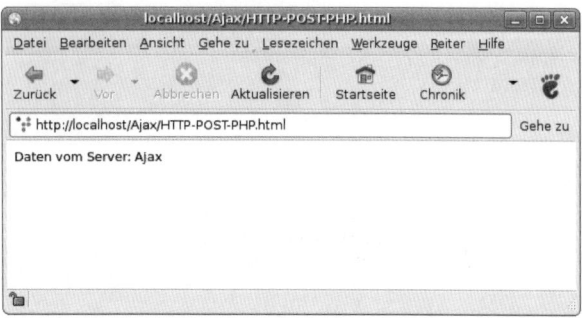

Abb. 1.2: Die POST-Daten werden verschickt und wieder ausgegeben

Anfragen vorzeitig abbrechen

Wenn die HTTP-Anfragen aufgrund einer Nutzeraktion (etwa dem Klicken auf eine Schaltfläche) abgesetzt werden, ist es unter Umständen unerwünscht, wenn mehrere Anfragen gleichzeitig laufen und es – aufgrund des asynchronen Verhaltens – nicht feststeht, in welcher Reihenfolge die HTTP-Antworten eintreffen. In diesem Fall sollten Sie eine eventuell bestehende, aber noch nicht vollendete Abfrage zuvor abbrechen. Das geschieht mit der Methode abort() des XMLHttpRequest-Objekts. Davor

Eine HTTP-Anfrage senden

empfiehlt es sich natürlich, die Eigenschaft readyState abzufragen. Hier ein dazu passender, exemplarischer JavaScript-Code:

```
if (XMLHTTP.readyState < 4) {
  XMLHTTP.abort();
}
// und jetzt: Neue HTTP-Anfage starten
```

Die HTTP-Antwort auswerten

Neben der eigentlichen Rückgabe des Skripts ist es weiterhin möglich, auf alle HTTP-Header der Antwort vom Server zuzugreifen. Diese werden von der Methode getAllResponseHeaders() als String zurückgegeben.

Hinweis

Der Hinweis auf einzelne, benannte Header ist auch möglich; die entsprechende Methode heißt getResponseHeader() und erwartet als Parameter den Namen des Header.

Jetzt beginnt es leider, browserabhängig zu werden:

- Bei manchen Browsern werden die einzelnen Header-Einträge durch eine neue Zeile (\n) voneinander getrennt, bei anderen wird zusätzlich noch ein Wagenrücklauf eingefügt (\r\n). Fazit: auf \n prüfen, nicht auf \r\n.
- Nicht in allen Browsern stehen alle HTTP-Header zur Verfügung. Insbesondere der Internet Explorer „verschluckt" gerne einige Header-Einträge.

Die Ausgabe der Daten ist dieses Mal etwas trickreicher. Das Ganze geschieht im Rahmen einer HTML-Tabelle. Die ist bereits – ohne großen Inhalt – auf der Seite:

1 – Ajax-Grundlagen

```
<table id="Header">
  <thead>
    <tr><th>Name</th><th>Wert</th></tr>
  </thead>
</table>
```

Die einzelnen Zellen werden in einem <tbody>-Element dargestellt, das dann dynamisch vom JavaScript-Code aus via DOM erzeugt wird.

Profitipp

Die Verwendung von <thead> und <tbody> ist ein Zugeständnis an den Internet Explorer. Mozilla-Browser beispielsweise benötigen das nicht, um die Tabelle korrekt darzustellen. Der Internet Explorer jedoch zeigt dynamisch erzeugte Tabellen ohne diese beiden Bereiche nicht an.

Die per getAllResponseHeaders() ermittelten Daten werden zunächst voneinander getrennt und anschließend werden auch ihre Werte separiert; dabei dienen ein Doppelpunkt und ein nachfolgendes Leerzeichen als Trenner. Ein einzelner Header wird im Format Content-Length: 4 dargestellt.

Das führt zu folgendem Code (Ausgabe der Header-Daten fett gedruckt):

Listing 1.10: HTTP-Header als Tabelle ausgeben
(*HTTP-Header.html*)

```
<script type="text/javascript">
// <![CDATA[

// ...
```

Listing 1.10: HTTP-Header als Tabelle ausgeben
(*HTTP-Header.html*) (Forts.)

```javascript
function DatenAusgeben() {
  if (XMLHTTP.readyState == 4) {
    var h = document.getElementById("Header");
    var b = document.createElement("tbody");
    var headers = XMLHTTP
                    .getAllResponseHeaders()
                    .split("\n");
    for (var i=0; i<headers.length; i++) {
      var trenner = headers[i].indexOf(": ");
      if (trenner == -1) {
        trenner = -2;
      }
      var zeile =
        document.createElement("tr");
      var zelle1 =
        document.createElement("td");
      var text = document.createTextNode(
        headers[i].substring(0, trenner));
      zelle1.appendChild(text);
      zeile.appendChild(zelle1);
      var zelle2 =
        document.createElement("td");
      var text = document.createTextNode(
        headers[i].substring(trenner + 2);
      zelle2.appendChild(text);
      zeile.appendChild(zelle2);
      b.appendChild(zeile);
    }
    h.appendChild(b);
  }
}
```

1 – Ajax-Grundlagen

Listing 1.10: HTTP-Header als Tabelle ausgeben
(*HTTP-Header.html*) (Forts.)

```
window.onload = function() {
  XMLHTTP.open("GET", "daten.txt", true);
  XMLHTTP.onreadystatechange = DatenAusgeben;
  XMLHTTP.send(null);
}
// ]]>
</script>
<body>
  <table id="Header">
    <thead>
      <tr><th>Name</th><th>Wert</th></tr>
    </thead>
  </table>
</body>
```

Die Abbildungen zeigen die verschiedenen Darstellungen desselben Skripts in verschiedenen Browsern.

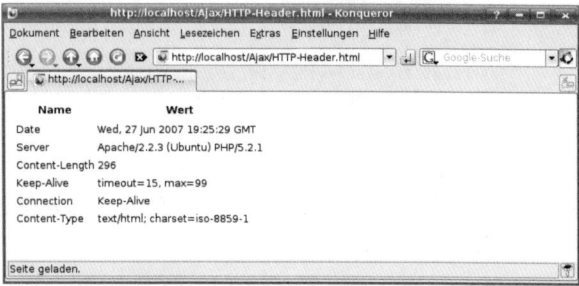

Abb. 1.3: Das Beispiel im Konqueror-Browser

Eine HTTP-Anfrage senden

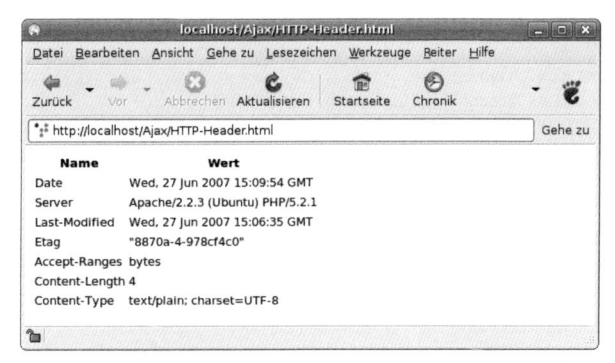

![Screenshot Epiphany-Browser]

Name	Wert
Date	Wed, 27 Jun 2007 15:09:54 GMT
Server	Apache/2.2.3 (Ubuntu) PHP/5.2.1
Last-Modified	Wed, 27 Jun 2007 15:06:35 GMT
Etag	"8870a-4-978cf4c0"
Accept-Ranges	bytes
Content-Length	4
Content-Type	text/plain; charset=UTF-8

Abb. 1.4: Das Beispiel im Epiphany-Browser (ein Mozilla-Derivat)

Name	Wert
Date	Wed, 27 Jun 2007 18:56:02 GMT
Server	Apache/2.2.4 (Win32) DAV/2 mod_ssl/2.2.4 OpenSSL/0.9.8e mod_autoindex_color PHP/5.2.2
Last-Modified	Wed, 27 Jun 2007 18:52:35 GMT
ETag	"87fc-4-bfd263ac"
Accept-Ranges	bytes
Content-Length	4
Keep-Alive	timeout=5, max=98
Connection	Keep-Alive
Content-Type	text/plain

Abb. 1.5: Das Beispiel im Internet Explorer

Profitipp

Wenn es nur um die entsprechenden HTTP-Header geht, würde die HTTP-Methode TRACE eigentlich ausreichen, denn die ist für genau diesen Zweck geschaffen worden. Aus Sicherheitsgründen (Stichwort *Cross-Site Tracing*) ist diese HTTP-Methode aber mittlerweile bei vielen Webservern deaktiviert.

Das vorangegangene Listing zeigt nicht nur die prinzipielle Vorgehensweise bei der Arbeit mit dem `XMLHttpRequest`-Objekt, sondern auch einige DOM-Funktionalitäten von JavaScript, etwa zur dynamischen Generierung von Tabellen.

KAPITEL 2

Ajax und XML

2.1 XML per Ajax laden 40
2.2 XML weiterverarbeiten 42
2.3 XPath 49
2.4 XSLT 56

Ein großes Manko war bis jetzt die Tatsache, dass vom Server immer nur ein simpler String geliefert wird. Eine Serialisierung komplexer Daten wird zwar serverseitig vielfältig unterstützt, clientseitig ist das aber recht mühsam (einen möglichen Ausweg finden Sie in Kapitel 3).

Das `XMLHttpRequest`-Objekt bietet nun jedoch eine eingebaute Möglichkeit, strukturierte Daten zu verwenden: XML. Doch damit nicht genug: JavaScript ermöglicht es außerdem, diese XML-Daten in den meisten relevanten Browsern weiterzuverarbeiten, und zwar unter anderem auf die folgende drei Arten:

- Durch direkten DOM-Zugriff auf die XML-Daten
- Durch XPath-Suchen in den Daten
- Durch XSLT-Umwandlungen der Daten

Ein kleines Problem soll aber nicht verschwiegen werden. Die zwei großen Herstellergruppen bei den relevanten Webbrowsern – Microsoft und der Rest – vertreten unterschiedliche Ansichten davon, wie diese Unterstützung aussehen soll. Um alle Unterschiede und Feinheiten verstehen zu können, bedarf es eines modernen JavaScript-Buchs und viel, viel Geduld.

2 – Ajax und XML

Deswegen geht dieses Kapitel einen besonderen und etwas frustfreieren Weg. In fast allen Fällen benötigen Sie nur bestimmte Funktionalitäten im Bereich XML, XPath und XSLT. Beispielsweise geht es bei XML darum, Knoten zu finden und auf deren Werte und Attribute zuzugreifen.

Die Beispiele in diesem Kapitel legen also den Schwerpunkt auf diese Funktionalität und zeigen, wie diese browserunabhängig umgesetzt werden kann.

2.1 XML per Ajax laden

Für die Verarbeitung von XML-Daten per Ajax ist zunächst einmal XML von Nöten. Um die Beispiele möglichst einfach und vor allem von serverseitigen Technologien unabhängig zu halten, setzen wir auch hier wieder auf statische Daten, die folgende XML-Datei:

Listing 2.1: Die Beispiel-XML-Daten für dieses Kapitel (*daten.xml*)

```xml
<?xml version="1.0" encoding="UTF-8"?>
<ResultSet totalResultsAvailable="24900000"
totalResultsReturned="10">
  <Result>
    <Title>Ajax - Wikipedia</Title>
    <Summary>Background about the web development technique
for creating interactive web applications.
</Summary>
    <Url>http://en.wikipedia.org/wiki/Ajax</Url>
  </Result>
  <Result>
    <Title>Ajax: A New Approach to Web Applications
</Title>
    <Summary>Essay by Jesse James Garrett from Adaptive
Path.</Summary>
```

Listing 2.1: Die Beispiel-XML-Daten für dieses Kapitel (*daten.xml*) (Forts.)

```xml
<Url>http://www.adaptivepath.com/publications/essays/archives/
000385.php</Url>
  </Result>
  <Result>
    <Title>AFC Ajax</Title>
    <Summary>Official site. Club information, match reports,
news, and much more.</Summary>
    <Url>http://www.ajax.nl/</Url>
  </Result>
</ResultSet>
```

Hinweis

Diese XML-Datei ist ein vereinfachter Auszug aus dem, was der Such-Web-Service von Yahoo! zurückliefert. Im nächsten Kapitel finden Sie einige weitere Informationen zu diesem Web Service.

Diese XML-Datei enthält ein Wurzelelement, `<ResultSet>` sowie einzelne Unterelemente namens `<Result>`. Jedes dieser „Resultate" umfasst einen Titel (`<Title>`), eine Beschreibung/Zusammenfassung (`<Summary>`) und einen URL (`<Url>`). Ziel der meisten Listings in diesem Kapitel soll es sein, diese Daten schön formatiert auszugeben, auch in realen Projekten immer wieder eine Herausforderung.

Wenn Sie das XMLHttpRequest-Objekt verwenden, gibt es nicht nur die Eigenschaft `responseText` zur Abfrage des Rückgabewerts, sondern auch die Eigenschaft `responseXML`. Diese wandelt die Rückgabe vom Server in ein XML-DOM-Objekt um – sofern der XML-Code auch valide ist. Ansonsten hat `responseXML` den Wert null.

Vor allem der Internet Explorer stellt noch eine zusätzliche Bedingung an die XML-Daten: Sie müssen den richtigen MIME-Typ haben, damit sie auch wirklich als XML erkannt werden. Im vorliegenden Beispiel hat die Datei auf dem Server die Endung *.xml*, weswegen der Server in der Regel automatisch den richtigen Typ in der HTTP-Antwort mitschickt. Sollte das unterbleiben, müssen Sie entweder den Webserver entsprechend konfigurieren oder Sie schreiben ein kleines Hilfsskript, das die XML-Datei samt korrektem MIME-Typ ausgibt. Nachfolgend sehen Sie exemplarisch ein solches Hilfsskript für PHP, das den korrekten HTTP-Header für den MIME-Typ setzt und dann die Datei *daten.xml* ausgibt:

Listing 2.2: Das PHP-Skript setzt den erforderlichen MIME-Typ (*daten.php*)

```
<?php
  header('Content-type: text/xml');
  readfile('daten.xml');
?>
```

2.2 XML weiterverarbeiten

Der Wert der Eigenschaft responseXML ist bereits ein XML-DOM-Dokument, so dass es der Browser direkt weiterverarbeiten kann. Trotz aller Unterschiede der einzelnen Browser, diese Methoden und Eigenschaften funktionieren auf allen relevanten Systemen:

- Die Eigenschaft documentElement zeigt auf den Wurzelknoten im Dokument.
- Die Eigenschaft xml enthält den eigentlichen Inhalt des XML-Objekts als String.
- Die Methode getAttribute() bietet den Zugriff auf ein Attribut eines XML-Knotens.

XML weiterverarbeiten

- Die Methode `getElementsByTagName()` liefert eine Liste aller Knoten mit dem angegebenen Namen zurück..
- Die Eigenschaft `childNodes` enthält alle Kindknoten des aktuellen Knotens (und es gibt natürlich die anderen, von DOM her bekannten Eigenschaften wie `firstChild`, `nextSibling` etc.).
- Die Eigenschaften `nodeName` und `nodeValue` enthalten den Namen und den Wert eines Knotens.

Hinweis

Der Zugriff auf den Knotentext via `nodeValue` funktioniert allerdings nur bei Textknoten. Wenn also beispielsweise `<a>b</a>` vorliegt und der aktuelle Knoten `<a>` ist, müssen Sie mit `firstChild.nodeValue` auf den Text b zugreifen.

Und das ist tatsächlich (fast) alles, was man in der Regel braucht. Bei der Verarbeitung von XML-Daten durchläuft man entweder das gesamte XML-Dokument (hier sind `childNodes` und Konsorten sehr praktisch) oder man greift direkt auf bekannte und benannte Knoten zu (mit `getElementsByTagName()`).

Im folgenden Beispiel sehen Sie von allem etwas. Ziel ist es, die Daten in der XML-Datei auf der Seite auszugeben. Dazu sind bereits ein paar HTML-Platzhalter vorgesehen:

```
<p><span id="Anzahl">0</span> von <span id="Gesamt">0
</span> Treffern:</p>
<table id="Treffer">
  <thead>
    <tr><th>Titel</th><th>Beschreibung</th><th>URL</th>
    </tr>
  </thead>
</table>
```

2 – Ajax und XML

Am einfachsten ist es natürlich, die beiden <span>-Elemente Anzahl und Gesamt zu füllen; die zugehörigen Informationen stehen direkt im Wurzelknoten der XML-Daten:

```
var xml = XMLHTTP.responseXML;

var anzahl = document.getElementById("Anzahl");
var gesamt = document.getElementById("Gesamt");
anzahl.innerHTML =
xml.documentElement.getAttribute("totalResultsReturned");
gesamt.innerHTML =
xml.documentElement.getAttribute("totalResultsAvailable");
```

Etwas kniffliger sind die Daten, die in die HTML-Tabelle zu schreiben sind. Der <thead>-Bereich mit der Kopfzeile steht bereits fest, nur <tbody> fehlt noch. Dazu müssen alle <Result>-Elemente im XML durchlaufen werden:

```
var treffer = document.getElementById("Treffer");
var tbody = document.createElement("tbody");

var ergebnisse = xml.getElementsByTagName("Result");
for (var i=0; i<ergebnisse.length; i++) {
```

Im Inneren der Schleife läuft immer derselbe Mechanismus ab:

1. Eine neue Tabellenzeile (<tr>) wird erstellt.

2. Drei neue Tabellenzellen (<td>) werden erstellt (für Titel, Beschreibung und URL).

3. Pro Zelle wird ein Textknoten mit den Daten aus dem XML erstellt.

4. Abschließend werden die Textknoten an die Zellen und die Zellen an die Zeile und die Zeile an die Tabelle gehängt.

XML weiterverarbeiten

Die größten Schwierigkeiten liegen hier vermutlich im dritten Schritt. Per getElementsByTagName() haben wir eine Liste von <Result>-Knoten erhalten, aber über die Reihenfolge der Unterknoten ist nichts gesagt. Deswegen müssen Sie alle Unterknoten durchlaufen und jeweils deren nodeName-Eigenschaft überprüfen. Bei den drei Werten Title, Summary und URL schlagen Sie (virtuell) zu und erstellen den zugehörigen Textknoten.

Der dafür notwendige Code sieht wie folgt aus:

```
var zeile = document.createElement("tr");
var titel = document.createElement("td");
var beschreibung = document.createElement("td");
var url = document.createElement("td");
var titeltext, beschreibungtext, urltext;
for (var j=0; j<ergebnisse[i].childNodes.length; j++) {
  var knoten = ergebnisse[i].childNodes[j];
  switch (knoten.nodeName) {
    case "Title":
      titeltext = document.createTextNode(
        knoten.firstChild.nodeValue);
      break;
    case "Summary":
      beschreibungtext = document.createTextNode(
        knoten.firstChild.nodeValue);
      break;
    case "Url":
      urltext = document.createTextNode(
        knoten.firstChild.nodeValue);
      break;
  }
}
titel.appendChild(titeltext);
beschreibung.appendChild(beschreibungtext);
url.appendChild(urltext);
```

2 – Ajax und XML

```
  zeile.appendChild(titel);
  zeile.appendChild(beschreibung);
  zeile.appendChild(url);
  tbody.appendChild(zeile);
}
```

Das war es im Wesentlichen auch schon. Der Rest sind nur noch Aufräumarbeiten (etwa den <tbody>-Bereich in die Tabelle zu hängen) sowie die unvermeidliche Erzeugung nebst Aufruf des XMLHttpRequest-Objekts. Im Folgenden finden Sie den fast kompletten Code. Nur die immer wiederkehrende Instanziierung von XMLHttpRequest wurde aus Platzgründen (wie in den meisten anderen Listings in diesem Buch) weggelassen.

Listing 2.3: Die XML-Daten werden per JavaScript in die Tabelle eingefügt (*XML.html*)

```
<script type="text/javascript">
// <![CDATA[

// ...

function DatenAusgeben() {
  if (XMLHTTP.readyState == 4) {
    var xml = XMLHTTP.responseXML;

    var anzahl = document.getElementById("Anzahl");
    var gesamt = document.getElementById("Gesamt");
    anzahl.innerHTML =
xml.documentElement.getAttribute("totalResultsReturned");
    gesamt.innerHTML =
xml.documentElement.getAttribute("totalResultsAvailable");
```

Listing 2.3: Die XML-Daten werden per JavaScript in die Tabelle eingefügt (*XML.html*) (Forts.)

```
var treffer = document.getElementById("Treffer");
var tbody = document.createElement("tbody");
var ergebnisse = xml.getElementsByTagName("Result");
for (var i=0; i<ergebnisse.length; i++) {
  var zeile = document.createElement("tr");
  var titel = document.createElement("td");
  var beschreibung = document.createElement("td");
  var url = document.createElement("td");
  var titeltext, beschreibungtext, urltext;
  for (var j=0; j<ergebnisse[i].childNodes.length; j++) {
    var knoten = ergebnisse[i].childNodes[j];
    switch (knoten.nodeName) {
      case "Title":
        titeltext = document.createTextNode(
          knoten.firstChild.nodeValue);
        break;
      case "Summary":
        beschreibungtext = document.createTextNode(
          knoten.firstChild.nodeValue);
        break;
      case "Url":
        urltext = document.createTextNode(
          knoten.firstChild.nodeValue);
        break;
    }
  }
  titel.appendChild(titeltext);
  beschreibung.appendChild(beschreibungtext);
  url.appendChild(urltext);
```

Listing 2.3: Die XML-Daten werden per JavaScript in die Tabelle eingefügt (*XML.html*) (Forts.)

```
    zeile.appendChild(titel);
    zeile.appendChild(beschreibung);
    zeile.appendChild(url);
    tbody.appendChild(zeile);
  }
  treffer.appendChild(tbody);
 }
}

window.onload = function() {
  XMLHTTP.open("GET", "daten.xml", true);
  XMLHTTP.onreadystatechange = DatenAusgeben;
  XMLHTTP.send(null);
}
// ]]>
</script>
<body>
  <p><span id="Anzahl">0</span> von <span id="Gesamt">0
</span> Treffern:</p>
  <table id="Treffer">
    <thead>
      <tr><th>Titel</th><th>Beschreibung</th><th>URL</th>
      </tr>
    </thead>
  </table>
</body>
```

XPath

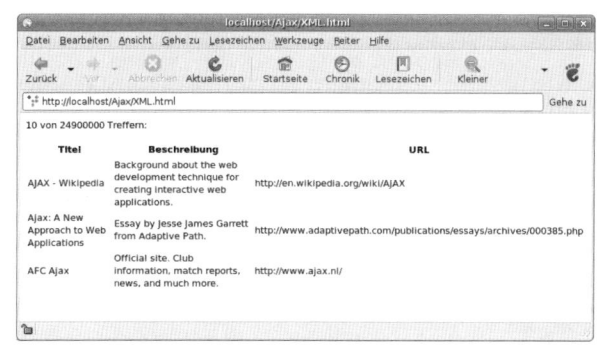

Abb. 2.1: Die Daten erscheinen in der HTML-Tabelle

Hinweis

Bis hierher funktionieren alle Listings in allen relevanten Browsern, also außer im Internet Explorer und in den verschiedenen Mozilla-Varianten auch im Konqueror/Safari und im Opera-Browser. Alle weiteren Listings beschränken sich leider zurzeit noch auf Internet Explorer, Mozilla und Opera 9, wobei immer die Hoffnung bleibt, dass die anderen Browser nachziehen.

2.3 XPath

Etwas kniffliger als die Ansteuerung der XML-Daten via DOM ist schon die Verwendung von XPath, der Abfragesprache für XML-Daten. Das liegt nicht nur daran, dass XPath etwas komplexer ist als der eher simple DOM-Zugriff auf XML-Daten, sondern auch an der komplett unterschiedlichen Handhabung von Seiten der Browser-Hersteller. Beim Internet Explorer ist es relativ ein-

2 – Ajax und XML

fach. Der Wurzelknoten (`XMLHTTP.responseXML.documentElement`) des XML-Objekts besitzt unter anderem diese beiden Methoden:

- `selectNodes()` – wählt mehrere Knoten mit einem XPath-Ausdruck aus.
- `selectSingleNode()` – wählt einen einzelnen Knoten mit einem XPath-Ausdruck aus.

Die Rückgabe dieser beiden Methoden ist leider kein herkömmliches XML-Knoten-Objekt, bietet aber die äußerst praktische Eigenschaft `text`. Diese gibt den Textinhalt des Knotens zurück, ohne mühsamen Umweg über `firstChild.nodeValue`.

Der zugehörige Code, der – wie zuvor – eine Tabelle füllen will (die Daten für die `<span>`-Elemente werden der Einfachheit halber weggelassen, weil das per XML-DOM weitaus einfacher geht), kann dann für den Internet Explorer ungefähr wie folgt aussehen:

```
var xml = XMLHTTP.responseXML;
var treffer = document.getElementById("Treffer");
var tbody = document.createElement("tbody");
var knoten = [];
knoten = xml.documentElement.selectNodes("Result");

for (var i=0; i<knoten.length; i++) {
  var titeltext, beschreibungtext, urltext;
  titeltext = knoten[i].selectSingleNode("Title").text;
  beschreibungtext =
    knoten[i].selectSingleNode("Summary").text;
  urltext = knoten[i].selectSingleNode("Url").text;

  // und Daten wieder an das HTML-DOM anhängen
}
```

Schon etwas schwieriger ist es mit anderen Browsern. Mozilla-Browser und Opera 9 kennen das Objekt XPathEvaluator, das XPath-Ausdrücke auswerten kann. Nach der Objektinstanziierung sorgt die Methode evaluate() dafür, dass die XPath-Abfrage auf die XML-Daten angewandt wird. Bei den fünf Parametern geben Sie den XPath-Ausdruck, den Knoten, in dem gesucht werden soll, null, den Rückgabetyp und nochmals null an.

In Hinblick auf die Rückgabetypen gibt es mehrere Möglichkeiten, wobei in aller Regel einer der folgenden Werte zum Einsatz kommt:

- XPathResult.ANY_TYPE – automatische Typbestimmung
- XPathResult.ORDERED_NODE_ITERATOR_TYPE – ein Iterator mit einer Liste aller ermittelten Knoten
- XPathResult.FIRST_ORDERED_NODE_TYPE – der erste ermittelte Knoten

Folgender Code greift also auf alle <Result>-Elemente zu; der XPath-Ausdruck ist Result, ein Iterator ist der Rückgabetyp. Mit der letzteren Methode iterateNext() erhalten Sie das jeweils nächste Element der Liste zurück und können es in die Knotenliste (ein JavaScript-Array) einfügen:

```
var xpe = new XPathEvaluator();
var iter = xpe.evaluate(
  "Result",
  xml.documentElement,
  null,
  XPathResult.ORDERED_NODE_ITERATOR_TYPE,
  null);
var element;
while (element = iter.iterateNext()) {
  knoten.push(element);
}
```

Bei der Ermittlung der Titel, Beschreibungen und URLs kann auch auf XPath gesetzt werden. Dann jedoch ist immer nur ein Element zurückzugeben, so dass sich `selectSingleNode()` geradezu aufdrängt. Das liefert zusammen mit dem Rückgabetyp `XPathResult.FIRST_ORDERED_NODE_TYPE` ein Objekt zurück, dessen Eigenschaft `singleNodeValue` den gewünschten XML-Knoten liefert. Von dort aus gelangen Sie mit dem üblichen `firstChild.nodeValue` an den entsprechenden Wert.

Der Code ist für alle drei Angaben aus den XML-Daten recht ähnlich, hier exemplarisch die JavaScript-Kommandos für den Titel:

```
var xpe = new XPathEvaluator();
var iter = xpe.evaluate(
  "Title",
  knoten[i],
  null,
  XPathResult.FIRST_ORDERED_NODE_TYPE,
  null);
titeltext = iter.singleNodeValue.firstChild.nodeValue;
```

Sie sehen also: Die Ansteuerung ist nicht sehr konsistent zwischen den Browsern, aber mit einer entsprechenden Fallunterscheidung lassen sich die verschiedenen Clients bedienen:

```
if (window.XPathEvaluator) {
  // Code für Mozilla
} else {
  // Code für Internet Explorer
}
```

XPath

Am Ende erhalten Sie über 100 Zeilen Code für dieses Beispiel, von denen Sie die wichtigsten im Folgenden im Gesamtzusammenhang abgedruckt finden:

Listing 2.4: Die XML-Daten werden per JavaScript in die Tabelle eingefügt (*XML.html*)

```javascript
<script type="text/javascript">
// <![CDATA[

// ...

function DatenAusgeben() {
  if (XMLHTTP.readyState == 4) {
    var xml = XMLHTTP.responseXML;
    var treffer = document.getElementById("Treffer");
    var tbody = document.createElement("tbody");
    var knoten = [];

    if (window.XPathEvaluator) {
      var xpe = new XPathEvaluator();
      var iter = xpe.evaluate(
        "Result",
        xml.documentElement,
        null,
        XPathResult.ORDERED_NODE_ITERATOR_TYPE,
        null);
      var element;
      while (element = iter.iterateNext()) {
        knoten.push(element);
      }
    } else {
      knoten = xml.documentElement.selectNodes("Result");
    }
```

Listing 2.4: Die XML-Daten werden per JavaScript in die Tabelle eingefügt (*XML.html*) (Forts.)

```
    for (var i=0; i<knoten.length; i++) {
      var titeltext, beschreibungtext, urltext;
      if (window.XPathEvaluator) {
        var xpe = new XPathEvaluator();
        var iter = xpe.evaluate(
          "Title",
          knoten[i],
          null,
          XPathResult.FIRST_ORDERED_NODE_TYPE,
          null);
        titeltext =
          iter.singleNodeValue.firstChild.nodeValue;
        iter = xpe.evaluate(
          "Summary",
          knoten[i],
          null,
          XPathResult.FIRST_ORDERED_NODE_TYPE,
          null);
        beschreibungtext =
          iter.singleNodeValue.firstChild.nodeValue;
        iter = xpe.evaluate(
          "Url",
          knoten[i],
          null,
          XPathResult.FIRST_ORDERED_NODE_TYPE,
          null);
        urltext =
          iter.singleNodeValue.firstChild.nodeValue;
      } else {
        titeltext =
          knoten[i].selectSingleNode("Title").text;
```

Listing 2.4: Die XML-Daten werden per JavaScript in die Tabelle eingefügt (*XML.html*) (Forts.)

```
      beschreibungtext =
         knoten[i].selectSingleNode("Summary").text;
      urltext = knoten[i].selectSingleNode("Url").text;
    }

    var zeile = document.createElement("tr");
    var titel = document.createElement("td");
    var beschreibung = document.createElement("td");
    var url = document.createElement("td");
    titel.appendChild(
      document.createTextNode(titeltext));
    beschreibung.appendChild(
      document.createTextNode(beschreibungtext));
    url.appendChild(
      document.createTextNode(urltext));
    zeile.appendChild(titel);
    zeile.appendChild(beschreibung);
    zeile.appendChild(url);
    tbody.appendChild(zeile);
   }
   treffer.appendChild(tbody);
  }
}

window.onload = function() {
  XMLHTTP.open("GET", "daten.xml", true);
  XMLHTTP.onreadystatechange = DatenAusgeben;
  XMLHTTP.send(null);
}
// ]]>
</script>
```

Listing 2.4: Die XML-Daten werden per JavaScript in die Tabelle eingefügt (*XML.html*) (Forts.)

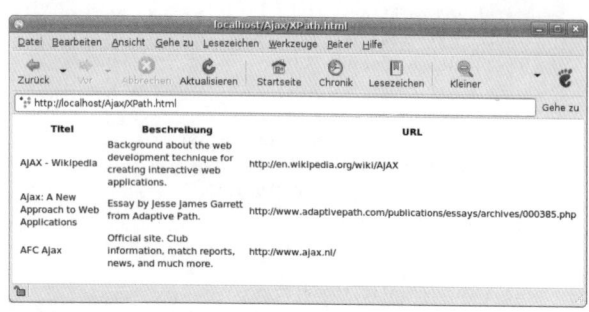

```
<body>
  <table id="Treffer">
    <thead>
      <tr><th>Titel</th><th>Beschreibung</th><th>URL
</th></tr>
    </thead>
  </table>
</body>
```

Abb. 2.2: Die per XPath ermittelten Daten in der HTML-Tabelle

2.4 XSLT

Mit XSLT sind Transformationen von XML in ein (fast) beliebiges anderes Ausgabeformat möglich. Zwar unterstützen viele Browser XSLT von Haus aus, aber da die XML-Daten bei Ajax-Anwendungen dynamisch vom Server kommen (und sich möglicherweise eh nur ein Teil der Seite ändern soll), scheidet dieser Weg aus. Immerhin: Die populären Browser unterstützen beide XSLT, allerdings – wie zuvor bei XPath – völlig unterschiedlich.

Doch zunächst eine XSL-Datei, mit der die Transformation durchgeführt werden soll. Diese wandelt die XML-Daten in die bereits zur Genüge bekannte Tabelle um. Als besonderes Extra wird dabei der URL-Eintrag in einen tatsächlichen Hyperlink umgewandelt:

Listing 2.5: Die Transformationsdatei für die XML-Daten (*daten.xsl*)

```
<?xml version="1.0" encoding="UTF-8" ?>
<xsl:stylesheet version="1.0" xmlns:xsl="http://
www.w3.org/1999/XSL/Transform">
  <xsl:output method="html" />
  <xsl:template match="/">
<p><xsl:value-of select="//@totalResultsReturned" />
  von <xsl:value-of select="//@totalResultsAvailable" />
  Treffern:</p>
  <table>
    <thead>
      <tr><th>Titel</th><th>Beschreibung</th><th>URL
</th></tr>
    </thead>
    <tbody>
    <xsl:for-each select="ResultSet/Result">
      <tr>
        <td><xsl:value-of select="Title" /></td>
        <td><xsl:value-of select="Summary" /></td>
        <td><a><xsl:attribute name="href">
          <xsl:value-of select="Url" />
          </xsl:attribute>Link</a></td>
      </tr>
    </xsl:for-each>
    </tbody>
  </table>
  </xsl:template>
</xsl:stylesheet>
```

2 – Ajax und XML

Doch nun zur Transformation selbst. Beginnen möchten wir dieses Mal mit den Mozilla-Browsern und Opera 9. Dort müssen Sie zunächst die XSL-Datei in ein XML-Dokument-Objekt laden. Und das geht so:

```
var xslt = document.implementation.createDocument("", "",
null);
xslt.async = false;
xslt.load("daten.xsl");
```

Hinweis

Vergessen Sie nicht, die Eigenschaft async auf false zu setzen. Denn sonst würde die XSL-Datei asynchron geladen werden und das Skript in der vorliegenden Form nicht funktionieren.

Im nächsten Schritt müssen Sie die Klasse XSLTProcessor instanziieren, die sich um die Verarbeitung der XSL-Daten kümmert. Importieren Sie mit importStylesheet() die XSL-Datei und rufen Sie dann die Methode transformToFragment() auf. Als Parameter übergeben Sie das zu transformierende XML und das Dokument, in das später das Ergebnis eingehängt werden soll:

```
var process = new XSLTProcessor();
process.importStylesheet(xslt);
var ergebnis = process.transformToFragment(
   xml, document);
```

Abschließend müssen Sie das Ergebnis, ein XML-Fragment, nur noch in Ihre Seite einhängen:

```
document.body.appendChild(ergebnis);
```

XSLT

Profitipp

Alternativ zur Methode transformToFragment() steht Ihnen auch noch die Methode transformToDocument() zur Verfügung. Damit erhalten Sie allerdings ein komplettes DOM-Dokument, das Sie nicht mehr an ein anderes Dokument anhängen können.

Beim Internet Explorer sieht das etwas anders aus. Das beginnt schon damit, dass Sie ActiveX einsetzen müssen (auch im Internet Explorer 7) und das Ganze auch ein wenig davon abhängig ist, welche Versionen der XML-Bibliothek auf dem System des Clients installiert sind. Im folgenden Listing verwenden wir eine möglichst allgemeine Versionsangabe, die auch von älteren Systemen noch unterstützt wird. Eines ist aber von vornherein klar: Da ActiveX zum Einsatz kommt, scheidet die Mac-Version des Internet Explorer aus.

Zunächst müssen Sie wieder die XSL-Datei laden. Das sieht recht ähnlich aus wie bei den Mozilla-Browsern und Opera, der Unterschied steckt jedoch im Detail – das ActiveX-Objekt.

```
var xslt = new
ActiveXObject("MSXML2.FreeThreadedDOMDocument");
xslt.async = false;
xslt.load("daten.xsl");
```

Dann benötigen Sie ein so genanntes XSLT-Template. Diesem weisen Sie die soeben geladene XSL-Datei zu (Eigenschaft stylesheet), um dann mit createProcessor() ein XSLTProcessor-Objekt zu erstellen:

```
var template = new ActiveXObject("MSXML2.XSLTemplate");
template.stylesheet = xslt;
var process = template.createProcessor();
```

2 – Ajax und XML

Dieser „Prozessor" muss nun noch entsprechend eingestellt werden. Als Eingabe (input) dient das von XMLHttpRequest zurückgelieferte XML-Objekt; die Methode transform() führt die XSL-Transformation durch:

```
process.input = xml;
process.transform();
```

Das Ergebnis muss abschließend noch im Client angezeigt werden. Über process.output erhalten Sie das Transformationsresultat als String und können das beispielsweise einem neuen, dynamisch generierten <div>-Element zuweisen. Diesen <div>-Container fügen Sie dann der Seite hinzu und fertig ist das Beispiel.

```
var d = document.createElement("div");
d.innerHTML = process.output;
document.body.appendChild(d);
```

Hier noch einmal der komplette Code im Zusammenhang, mit einer Fallunterscheidung zwischen den beiden Fronten Internet Explorer und Rest der Welt:

Listing 2.6: Die XML-Daten werden per JavaScript in die Tabelle eingefügt (*XSLT.html*)

```
<script type="text/javascript">
// <![CDATA[

// ...

function DatenAusgeben() {
  if (XMLHTTP.readyState == 4) {
    var xml = XMLHTTP.responseXML;
```

Listing 2.6: Die XML-Daten werden per JavaScript in die Tabelle eingefügt (*XSLT.html*) (Forts.)

```
    if (window.XSLTProcessor) {
      var xslt =
        document.implementation.createDocument("", "", null);
      xslt.async = false;
      xslt.load("daten.xsl");
      var process = new XSLTProcessor();
      process.importStylesheet(xslt);

      var ergebnis = process.transformToFragment(
        xml, document);
      document.body.appendChild(ergebnis);
    } else {
      var xslt =
        new ActiveXObject("MSXML2.FreeThreadedDOMDocument");
      xslt.async = false;
      xslt.load("daten.xsl");
      var template = new ActiveXObject("MSXML2.XSLTemplate");
      template.stylesheet = xslt;
      var process = template.createProcessor();
      process.input = xml;
      process.transform();
      var d = document.createElement("div");
      d.innerHTML = process.output;
      document.body.appendChild(d);
    }
  }
}

window.onload = function() {
  XMLHTTP.open("GET", "daten.xml", true);
  XMLHTTP.onreadystatechange = DatenAusgeben;
  XMLHTTP.send(null);
}
```

2 – Ajax und XML

Listing 2.6: Die XML-Daten werden per JavaScript in die Tabelle eingefügt (*XSLT.html*) (Forts.)

```
// ]]>
</script>
</head>
<body>
</body>
</html>
```

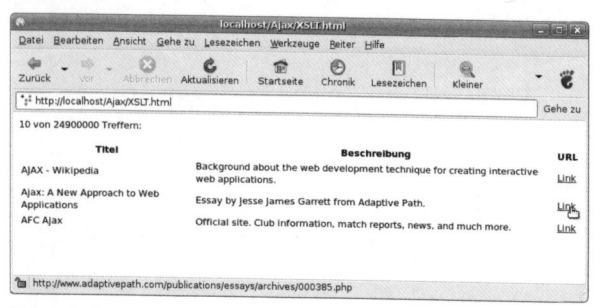

Abb. 2.3: Das Ergebnis der Transformation (die URLs können angeklickt werden)

Profitipp

Wenn Sie sich im Bereich XML auf den aktuellen Stand bringen möchten, ist eventuell der Titel „XML-Standards" etwas für Sie, ebenfalls in dieser Buchreihe erschienen.

JavaScript bietet also mehrere Möglichkeiten an, XML-Daten zu verarbeiten. Der Weg über DOM funktioniert am konsistentesten zwischen den Browsern, doch XPath und XSL bieten unter Umständen mehr Möglichkeiten. Sie müssen also zwischen Aufwand und gewünschtem Ergebnis genau abwägen.

KAPITEL 3

JSON

3.1 Die JSON-Syntax 64
3.2 Beispielanwendung Yahoo! JSON 68

Im vorherigen Kapitel haben Sie gesehen, wie Sie mit XML immerhin schon komplexere Datentypen an JavaScript übergeben und dort weiterverarbeiten können. Dieses Kapitel stellt eine weitere Möglichkeit vor: JSON. Das wird wie der englische Namen „Jason" ausgesprochen und steht für ein oft unterschätztes Feature von JavaScript, Objekte mit einer platzsparenden Notation anzugeben.

Das Kürzel JSON steht für *JavaScript Object Notation*. Sein Einsatz beschränkt sich aber nicht nur auf JavaScript, sondern wird mittlerweile – teilweise mit speziellen Parsern – auch auf anderen Plattformen und von anderen Sprachen unterstützt.

Die Grundidee von JSON ist sehr einfach: Per platzsparender Notation werden Objekte als String an die JavaScript-Anwendung übergeben; dort sorgt dann ein Aufruf von eval() dafür, dass aus der Notation das tatsächliche Objekt wird:

```
var json = "..."; // der JSON-String
var objekt = eval("(" + json + ")");
```

JSON ist also ein spezielles Format zur Serialisierung von Objekten. Es ist relativ einfach serverseitig zu erzeugen und, wie bereits angedeutet, sehr einfach clientseitig zu verarbeiten. Viele Ajax-Anwendungen und -Frameworks setzen intern auf JSON, da es etwas einfacher zu handhaben ist als das im vorherigen Kapitel gezeigte XML.

Profitipp

> Für PHP-Entwickler vielleicht interessant: Das PHP-Team hat in Version 5.2 eine eigene PHP-Variable $_JSON und einige Funktionen eingeführt, um JSON-Daten zu verarbeiten.

3.1 Die JSON-Syntax

Die Syntax von JSON basiert auf einigen simplen Bestandteilen, die Teil des JavaScript-Kerns sind:

- Ein Objekt wird durch geschweifte Klammern {} dargestellt.
- Objekteigenschaften haben den Aufbau Name: Wert; mehrere Eigenschaften sind durch Kommata voneinander getrennt.
- Arrays werden durch eckige Klammern [] dargestellt.

Hier ein JSON-String, der diese Elemente verwendet:

Listing 3.1: Ein Objekt in JSON-Notation (*JSON.txt*)

```
{
"ResultSet":
  {
  "totalResultsAvailable": "24900000",
  "totalResultsReturned": 10,
  "Result":
    [
      {
      "Title": "Ajax - Wikipedia",
"Url":"http:\/\/en.wikipedia.org\/wiki\/Ajax"
```

Die JSON-Syntax

Listing 3.1: Ein Objekt in JSON-Notation (*JSON.txt*) (Forts.)

```
    },
    {
    "Title":"Ajax: A New Approach to Web Applications",
    "Url":"http:\/\/www.adaptivepath.com\/publications\/
      essays\/archives\/000385.php"
    }
  ]
 }
}
```

Sie kennen den groben Aufbau bereits aus dem letzten Kapitel: Das ist der Rückgabewert des Yahoo!-Web-Service. Gehen wir diese Struktur einmal schrittweise durch:

- Die äußeren Klammern deuten an, dass hier ein Objekt vorliegt.
- Das Objekt hat drei Eigenschaften: totalResultsAvailable, totalResultsReturned und ResultSet.
- ResultSet wiederum hat als Wert selbst ein Objekt. Dieses ist ein Array (zu erkennen an den eckigen Klammern) namens Result.
- Jedes Element im Array Result ist wiederum ein Objekt mit den Eigenschaften Title und Url.

Ist der JSON-Code ordentlich eingerückt, ist die Struktur sehr einfach zu erkennen. Und wie bereits eingangs erwähnt: Ein simpler Aufruf der JavaScript-Funktion eval() wandelt den String in das entsprechende Objekt um. Das bedeutet, dass man beispielsweise über <objekt>.ResultSet.Result[0].Url auf den URL des ersten Eintrags im JSON-Objekt zugreifen kann.

Diese Informationen können mit JavaScript nicht nur aufgerufen, sondern auch direkt wieder ausgegeben werden. Dazu sind einige Vorarbeiten notwendig: Die JSON-Zeichenkette wird platz-

3 – JSON

sparend etwas zusammengepackt und vor allem die Zeilensprünge werden entfernt. Dann wandelt eval() den String in ein Objekt um. JavaScript-Code durchläuft das Objekt, greift auf die einzelnen Einträge zu und gibt diese als HTML-Aufzählungsliste aus. Dazu werden pro Suchergebnis drei HTML-Elemente per document.createElement() bzw. document.createTextNode() erzeugt:

- Ein Listeneintrag (<li>)
- Ein Link (<a>) mit Ziel (href-Attribut)
- Ein Textknoten, der als Beschriftung des Links verwendet wird

Am Ende hängt der JavaScript-Code den Textknoten an den Link, den Link an den Listeneintrag und den Listeneintrag an eine HTML-Liste, die sich auf der aktuellen Seite befindet. Hier der komplette Code:

Listing 3.2: Die Daten im JSON-String werden als HTML-Liste ausgegeben (*JSON.html*)

```
<script type="text/javascript">
// <![CDATA[
window.onload = function() {
  var json =
'{"ResultSet":{"totalResultsAvailable":"24900000","totalRe
sultsReturned":10,"Result":[{"Title":"Ajax -
Wikipedia","Url":"http:\/\/en.wikipedia.org\/wiki\/
Ajax"},{"Title":"Ajax: A New Approach to Web
Applications","Url":"http:\/\/www.adaptivepath.com\/
publications\/essays\/archives\/000385.php"}]}}';
  var obj = eval("(" + json + ")");

  var liste = document.getElementById("Daten");
  for (var i=0; i < obj.ResultSet.Result.length; i++) {
    var ergebnis = obj.ResultSet.Result[i];
```

Die JSON-Syntax

Listing 3.2: Die Daten im JSON-String werden als HTML-Liste ausgegeben (*JSON.html*) (Forts.)

```
    var treffer = document.createElement("li");
    var link = document.createElement("a");
    link.setAttribute("href", ergebnis.Url);
    var text = document.createTextNode(
       ergebnis.Title);
    link.appendChild(text);
    treffer.appendChild(link);
    liste.appendChild(treffer);
  }
}
</script>
<p><ul id="Daten"></ul></p>
```

Abb. 3.1: Die Daten aus der JSON-Struktur erscheinen in der Liste

JSON hat eine eigene Website: *http://json.org/*. Dort finden Sie weitere Informationen sowie auch Parser für die diversen Sprachen. Sogar für JavaScript selbst gibt es einen Parser. Prinzipiell birgt der Einsatz von JSON ein Sicherheitsrisiko in sich: Sie müssen der Quelle der JSON-Daten vertrauen, denn Sie werten den Code ja direkt in Ihrer Webseite aus. Der JavaScript-Parser unter *http://www.json.org/json.js* erledigt das für Sie und wandelt nicht nur einen JSON-String in ein JavaScript-Objekt um, sondern kann auch den umgekehrten Weg gehen:

```
var objekt = JSON.parse(jsonstring);
var jsonstring = JSON.stringify(objekt);
```

3.2 Beispielanwendung Yahoo! JSON

Im Dezember 2005 erregte Yahoo! etwas Aufsehen mit der Ankündigung, dass das Webportal seine Web Services mit einer JSON-Schnittstelle versehen würde. Anders formuliert: Per speziellem JavaScript-Aufruf würde der Web Service nicht wie sonst SOAP oder XML zurückliefern, sondern JSON, das dann clientseitig mit JavaScript interpretiert werden kann.

Um das Beispiel nachzuvollziehen, müssen Sie sich zunächst bei den Yahoo! Web Services (kostenfrei) registrieren. Das geschieht unter *http://developer.yahoo.com/*, genauer gesagt unter *http://api.search.yahoo.com/webservices/register_application*. Dazu müssen Sie sich per Yahoo!-Account einloggen und Ihre Webanwendung registrieren. Sie erhalten dann eine (frei wählbare) Anwendungs-ID, die Sie auch im Beispiel einsetzen müssen. Als Platzhalter wählen wir im Folgenden ***AnwendungsID***, den Sie natürlich durch den eigentlichen Wert ersetzen müssen.

Nach vollbrachter Registrierung besteht die eigentliche Kunst nur noch darin, per <script>-Element den Web Service aufzurufen und JSON-Code zurückzuerhalten. Am Beispiel des Such-Web-Service von Yahoo! sieht das dann beispielsweise so aus:

```
<script type="text/javascript"
  src="http://api.search.yahoo.com/WebSearchService/V1/
webSearch?appid=***Anwendungs-
ID&query=***Suchbegriff***&output=json">
</script>
```

Beispielanwendung Yahoo! JSON

Das wichtigste Element ist – neben Anwendungs-ID und Suchbegriff – der GET-Parameter output=json. Dieser gibt das Ergebnis der Suchanfrage als JSON-String zurück.

Noch bequemer ist es, den Callback-Mechanismus des Web Service zu verwenden. Wird zusätzlich noch der GET-Parameter callback=Funktion ausgegeben, ruft der von Yahoo! generierte JavaScript-Code die angegebene Funktion auf und übergibt das JSON-Objekt als Parameter. Wohlgemerkt: ein Objekt, kein String. Den Aufruf von eval() können Sie sich also sparen.

Im folgenden Beispiel soll das einmal demonstriert werden. Die Suchergebnisse des Web Service von Yahoo! werden als Aufzählungsliste (HTML-Element <ul>) ausgegeben. Es kommt wiederum das JavaScript-DOM zum Einsatz, um die Daten dynamisch der Liste hinzuzufügen.

Um das Beispiel zu erstellen, ist der Aufbau der Rückgabe des Yahoo!-Web Service noch wichtig. Dieser ähnelt dem vorherigen JSON-String, nur etwas erweitert. Die wichtigsten Grundpfeiler bleiben aber gleich: Die Haupteigenschaft des JSON-Objekts heißt ResultSet. Das umfasst einige interessante Eigenschaften (etwa, wie viele Suchergebnisse überhaupt gefunden werden konnten, auch wenn standardmäßig nur maximal zehn Treffer zurückgeliefert werden) sowie eben bis zu zehn Untereigenschaften namens Result. Jede Result-Eigenschaft steht für einen Treffer und hat wiederum Unterelemente, so etwa Title für den Titel der gefundenen Seite und URL für deren Adresse.

Ohne weitere lange Vorrede hier der komplette Code für dieses Beispiel: Die Ergebnisliste vom Yahoo!-Web-Service wird durchlaufen und für jeden Treffer wird ein neuer Listeneintrag erzeugt. Der Text jedes Eintrags ist ein HTML-Link, der auf den Treffer verweist und als Beschriftung den Titel der Zielseite trägt:

3 – JSON

Listing 3.3: Die Ergebnisse des Web Service werden in der Liste ausgegeben (*yahoo.html*).

```
<html>
<head>
<title>Ajax</title>
<script type="text/javascript">
// <![CDATA[
function DatenAusgeben(obj) {
  var liste = document.getElementById("Daten");
  for (var i=0; i < obj.ResultSet.Result.length; i++) {
    var ergebnis = obj.ResultSet.Result[i];
    var treffer = document.createElement("li");
    var link = document.createElement("a");
    link.setAttribute("href", ergebnis.Url);
    var text = document.createTextNode(
      ergebnis.Title);
    link.appendChild(text);
    treffer.appendChild(link);
    liste.appendChild(treffer);
  }
}

// ]]>
</script>
</head>
<body>
  <p><ul id="Daten"></ul></p>
</body>
<script type="text/javascript"
  src="http://api.search.yahoo.com/WebSearchService/V1/
    webSearch?appid=***Anwendungs-ID***
    &query=Ajax&output=json&callback=DatenAusgeben">
</script>
</html>
```

Beispielanwendung Yahoo! JSON

Profitipp

Beachten Sie den etwas ungewöhnlichen Aufbau des Codes. Der Web Service wird als Letztes aufgerufen. Vor allem wenn Caching mit im Spiel ist, liegt das Ergebnis des Web Service schneller vor als die Seite komplett vom Browser interpretiert worden ist. Konsequenz: Der JavaScript-Interpreter kann die Liste zur Ausgabe der Suchtreffer nicht finden.

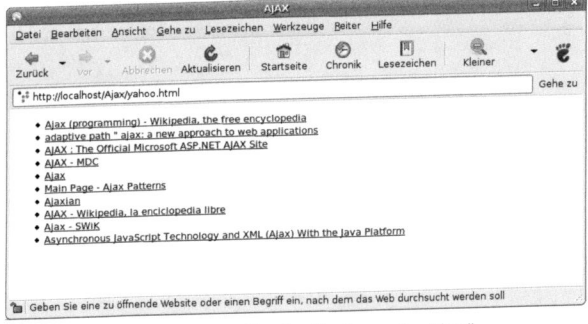

Abb. 3.2: Die besten Treffer für eine Suche nach „Ajax"

KAPITEL 4

Ajax-Probleme und -Lösungen

4.1	Bookmarks ermöglichen	76
4.2	Die Zurück-Schaltfläche	85

Obwohl mit Ajax unbestritten beeindruckende und nützliche Effekte möglich sind, gibt es dennoch äußerst berechtigte Kritik. Zum einen wäre da die Barrierefreiheit: Wenn ein Browser kein JavaScript unterstützt oder es deaktiviert ist (je nach Untersuchung ist das bei bis zu 5% der Nutzer der Fall), sind all die schönen Ajax-Effekte nicht mehr sichtbar.

Außerdem wird ein Grundpfeiler des Webs durch Ajax außer Kraft gesetzt: Eine Seite ist nicht mehr eine Seite. Das macht sich vor allem in zwei Dingen bemerkbar:

- Das Setzen von Bookmarks (Lesezeichen, Favoriten). Wird der Inhalt einer Seite dynamisch geändert, ändert sich dadurch nicht der URL. Damit kann kein Bookmark gesetzt werden.
- Die Verwendung der Vor- und Zurück-Schaltflächen. Wenn Sie im Webbrowser auf die Schaltflächen für *Vor* und *Zurück* klicken, wird zum nächsten bzw. vorherigen Eintrag in der Browser-History (Verlaufsliste, Chronik) gesprungen. Doch ohne neuen URL gibt es auch keine Möglichkeit, vor- oder zurückzuspringen.

4 – Ajax-Probleme und -Lösungen

Die Flash-Welt kämpft schon lange Zeit mit denselben Problemen. Mittlerweile gibt es aber Lösungen, die sich teilweise auch auf Ajax-Anwendungen übertragen lassen.

Die gute Nachricht: Die beiden angesprochenen Probleme lassen sich lösen. Die schlechte Nachricht: Das erfordert erhöhten Codeaufwand (oder Sie binden sich an ein Framework, das sowohl Bookmarks unterstützt als auch die Zurück-Schaltfläche aktiv hält).

Basis für alle Beispiele in diesem Kapitel ist eine Mini-Anwendung, die HTML-mäßig aus zwei Schaltflächen und einem Absatz besteht:

```
<p>Mein Lieblingslink: <span id="Link"></span></p>
<input type="button" value="Link 1" onclick="ladeLink1();"
/>
<input type="button" value="Link 2" onclick="ladeLink2();"
/>
```

In den beiden JavaScript-Funktionen ladeLink1() und ladeLink2() kommt wieder das XMLHttpRequest-Objekt zum Einsatz. Es ruft die Datei *link1.txt* bzw. *link2.txt* vom Server ab – in einer Praxisanwendung würde wohl ein serverseitiges Skript angestoßen werden. Hier exemplarisch der Code für die Funktion ladeLink1():

```
function ladeLink1() {
  if (XMLHTTP.readyState < 4) {
    XMLHTTP.abort();
  }
  XMLHTTP.open("GET", "link1.txt", true);
  XMLHTTP.onreadystatechange = DatenAusgeben;
  XMLHTTP.send(null);
}
```

Die beiden Textdateien enthalten JSON-Daten, bestehend aus einem Objekt mit zwei Eigenschaften: einer Linkadresse und einer zugehörigen Beschreibung.

Listing 4.1: Die erste JSON-Datei (*link1.txt*)

```
{"url":"http://www.entwicklerpress.de/",
"text":"entwickler.press"}
```

Listing 4.2: Die zweite JSON-Datei (*link2.txt*)

```
{"url":"http://www.hauser-wenz.de/","text":"Hauser &amp;
Wenz"}
```

In der Methode DatenAusgeben() geht es darum, die Daten aus der geladenen Link-Datei in Form eines HTML-Links im <span>-Element auf der Seite auszugeben. Das geschieht mit folgendem Code:

```
function DatenAusgeben() {
  if (XMLHTTP.readyState == 4) {
    var l = document.getElementById("Link");
    var json = eval("(" + XMLHTTP.responseText + ")");
    l.innerHTML =
      "<a href=\"" +
      json.url +
      "\">" +
      json.text +
      "</a>";
  }
}
```

Diese Anwendung ist natürlich äußerst simpel, stellt aber ein typisches Beispiel für eine Ajax-Applikation dar, die mehrere Zustände hat. Auf einen Mausklick ändert sich etwas, der URL bleibt also identisch. Ziel dieses Kapitels soll es sein, diese Anwendung um die Bookmark-Fähigkeit zu erweitern und außerdem die Zurück-Schaltfläche zu reaktivieren.

Hinweis

Das hier gezeigte Anwendungsfeld ist in ständiger Bewegung. Gut möglich, dass es in naher Zukunft neue Ansätze gibt, die genannten Probleme zu beheben, oder dass neue Browser-Versionen neue Möglichkeiten bieten.

4.1 Bookmarks ermöglichen

Mit der Entstehung der ersten Ajax-Anwendungen gab es auch relativ schnell einen „Hack", um Bookmarks zu ermöglichen: Auf jeder Seite gab es einen Link, den man (per Eintrag LINK ALS BOOKMARK HINZUFÜGEN im Kontextmenü) in die Bookmark-Liste des Browsers einfügen konnte. Etwas mühsam, aber es funktionierte. Die Idee dazu stammt aus der Flash-Welt, die ein ähnliches Problem mit der Bookmark-Fähigkeit bestimmter Zustände ihrer Filme hatte. Den vermutlich ersten Ansatz gab es unter *http://www.robertpenner.com/experiments/backbutton/backbutton.html*. Er fand auch viele Nachahmer, doch mit der Zeit entwickelte man bessere Lösungen. Eine sehr populäre besteht in der Verwendung des Querystring des URL (*?abc123*) oder der Textmarke im URL (*#abc123*).

Da es bei Ajax-Anwendungen vor allem darum geht, dass die Seite nicht neu geladen wird, scheidet der Weg über den Querystring aus. Auch wenn bei einer statischen HTML-Seite die URLs *seite.html?123* und *seite.html?456* dasselbe Ergebnis produzieren, sind es dennoch unterschiedliche Ressourcen. Bei der Verwendung einer serverseitigen Sprache hat der Querystring natürlich meist eine semantische Bedeutung.

Bookmarks ermöglichen

Bleibt also die Textmarke (auch Hash-Wert genannt), denn damit wird „nur" auf Sprungziele innerhalb der Seite verwiesen. Moderne Browser fordern dazu das Dokument nicht neu an, sondern springen einfach zu der Marke, falls existent.

Mit JavaScript lässt sich diese Sprungmarke im URL bequem auslesen. Entweder wird location.href untersucht und nach dem Doppelkreuz (#) durchforstet oder, etwas einfacher, es wird auf location.hash zugegriffen. Das enthält, sofern vorhanden, den Hash, bei den meisten Browsern inklusive vorangestelltem Doppelkreuz (für die anderen implementieren wir einen Workaround).

Was liegt also näher, als in der Funktion DatenAusgeben(), direkt nach der Anzeige eines Links, die vom Server erhaltenen Daten in den URL einzufügen, damit der Benutzer die Seite bookmarken kann?

```
location.hash = escape(XMLHTTP.responseText);
```

Wenn der Bookmark abgerufen wird, muss das Skript natürlich feststellen, welche Daten sich im URL befinden, und dementsprechende Informationen auf der Seite anzeigen:

```
window.onload = function() {
  if (ladeHash().length > 1) {
    var l = document.getElementById("Link");
    var json = eval("(" +
      unescape(ladeHash().substring(1)) + ")");
    l.innerHTML =
      "<a href=\"" +
      json.url +
      "\">" +
      json.text +
      "</a>";
```

4 – Ajax-Probleme und -Lösungen

```
  }
}

function ladeHash() {
  var hash = location.hash;
  if (hash.indexOf("#") == -1) {
    hash = "#" + hash;
  }
  return hash;
}
```

Hier noch einmal der komplette Code für dieses Beispiel, wie immer gekürzt um die Instanziierung von XMLHttpRequest:

Listing 4.3: Die JSON-Daten als Textmarke (*Link.html*)

```
<script type="text/javascript">
// <![CDATA[

// ...

function DatenAusgeben() {
  if (XMLHTTP.readyState == 4) {
    var l = document.getElementById("Link");
    var json = eval("(" + XMLHTTP.responseText + ")");
    l.innerHTML =
      "<a href=\"" +
      json.url +
      "\">" +
      json.text +
      "</a>";
  }
  location.hash = escape(XMLHTTP.responseText);
}
```

Listing 4.3: Die JSON-Daten als Textmarke (*Link.html*) (Forts.)

```
function ladeLink1() {
  if (XMLHTTP.readyState < 4) {
    XMLHTTP.abort();
  }
  XMLHTTP.open("GET", "link1.txt", true);
  XMLHTTP.onreadystatechange = DatenAusgeben;
  XMLHTTP.send(null);
}

function ladeLink2() {
  if (XMLHTTP.readyState < 4) {
    XMLHTTP.abort();
  }
  XMLHTTP.open("GET", "link2.txt", true);
  XMLHTTP.onreadystatechange = DatenAusgeben;
  XMLHTTP.send(null);
}

window.onload = function() {
  if (ladeHash().length > 1) {
    var l = document.getElementById("Link");
    var json = eval("(" +
      unescape(ladeHash().substring(1)) + ")");
    l.innerHTML =
      "<a href=\"" +
      json.url +
      "\">" +
      json.text +
      "</a>";
  }
}
```

Listing 4.3: Die JSON-Daten als Textmarke (*Link.html*) (Forts.)

```
function ladeHash() {
  var hash = location.hash;
  if (hash.indexOf("#") == -1) {
    hash = "#" + hash;
  }
  return hash;
}
// ]]>
</script>
<body>
  <p>Mein Lieblingslink: <span id="Link"></span></p>
  <input type="button" value="Link 1"
    onclick="ladeLink1();" />
  <input type="button" value="Link 2"
    onclick="ladeLink2();" />
</body>
```

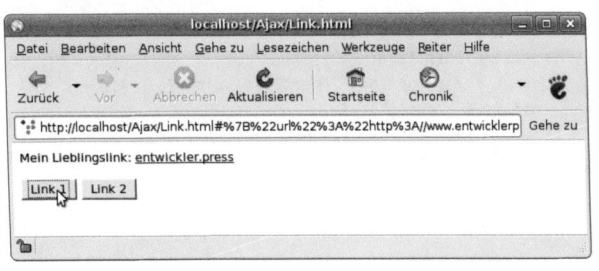

Abb. 4.1: Die JSON-Daten stehen direkt im URL

Obwohl der hier gezeigte Weg funktioniert, ist er sehr gefährlich. Denn Daten, die im URL stehen, werden per eval()-Anwendung direkt ausgeführt. Es ist also einem Angreifer möglich, schadhaf-

Bookmarks ermöglichen

ten JavaScript-Code (etwa zum Cookie-Klau) in eine Seite einzufügen. Dann muss dieser schadhafte Link (inklusive Code) lediglich einem Opfer geschickt werden. Ein Klick auf den Link führt dann den Code aus – diesen Angriff nennt man auch Cross-Site Scripting (XSS).

Es gibt zwei Hauptansätze, das zu verhindern: zum einen ein JSON-Parser, wie im vorherigen Kapitel genannt, der schadhaften Code erkennen kann. Oder Sie verwenden einen anderen Ansatz, wie im Folgenden ausgeführt.

Prinzipiell geht es in jeder bookmarkfähigen Ajax-Anwendung darum, dass die Daten, aus denen die Seite rekonstruiert werden kann, im Hash stehen. Im vorliegenden Beispiel reicht der Dateiname der entsprechenden Textdatei aus (bzw. der URL des datengenerierenden serverseitigen Skripts). Also besteht ein neuer Ansatz darin, einfach den Dateinamen an den URL anzuhängen.

Aus Gründen der Übersichtlichkeit wird dazu das Skript intern etwas umstrukturiert. Der zu ladende URL wird in einer globalen Variablen gespeichert, die neue Funktion ladeURL() erledigt den XMLHttpRequest-Aufruf:

```
var url = null;

function ladeLink1() {
  url = "link1.txt";
  ladeURL();
}
function ladeLink2() {
  url = "link2.txt";
  ladeURL();
}
```

4 – Ajax-Probleme und -Lösungen

```
function ladeURL() {
  if (XMLHTTP.readyState < 4) {
    XMLHTTP.abort();
  }
  XMLHTTP.open("GET", url, true);
  XMLHTTP.onreadystatechange = DatenAusgeben;
  XMLHTTP.send(null);
}
```

Der Rest sind nur einfache Anpassungen: Wird beim Laden der Seite ein Hash-Wert gefunden, lädt der JavaScript-Code den entsprechenden URL, anstatt direkt JSON zu interpretieren. Nachfolgend sehen Sie das komplette Listing mit allen zusätzlichen Codemodifikationen in halbfett. Unter anderem wird jetzt der Hash nur noch verändert, wenn auch wirklich neue Daten vorliegen (um überflüssige Aufrufe zu verhindern – je nach Anwendungstyp ist das ein gewünschtes oder unerwünschtes Verhalten!).

Listing 4.4: Die Daten aus dem URL in der Textmarke (*Link.html*)

```
<script type="text/javascript">
// <![CDATA[

// ...

var url = null;

function DatenAusgeben() {
  if (XMLHTTP.readyState == 4) {
    var l = document.getElementById("Link");
    var json = eval("(" + XMLHTTP.responseText + ")");
    l.innerHTML =
      "<a href=\"" +
```

Listing 4.4: Die Daten aus dem URL in der Textmarke
(*Link.html*) (Forts.)

```
      json.url +
      "\">" +
      json.text +
      "</a>";
    if (ladeHash() != "#" + escape(url)) {
      location.hash = escape(url);
    }
  }
}

function ladeLink1() {
  url = "link1.txt";
  ladeURL();
}

function ladeLink2() {
  url = "link2.txt";
  ladeURL();
}

function ladeURL() {
  if (XMLHTTP.readyState < 4) {
    XMLHTTP.abort();
  }
  XMLHTTP.open("GET", url, true);
  XMLHTTP.onreadystatechange = DatenAusgeben;
  XMLHTTP.send(null);
}

window.onload = function() {
  if (ladeHash().length > 1) {
    url = ladeHash().substring(1);
    ladeURL();
```

Listing 4.4: Die Daten aus dem URL in der Textmarke (*Link.html*) (Forts.)

```
  }
}

function ladeHash() {
  var hash = location.hash;
  if (hash.indexOf("#") == -1) {
    hash = "#" + hash;
  }
  return hash;
}
// ]]>
</script>
<body>
  <p>Mein Lieblingslink: <span id="Link"></span></p>
  <input type="button" value="Link 1"
    onclick="ladeLink1();" />
  <input type="button" value="Link 2"
    onclick="ladeLink2();" />
</body>
```

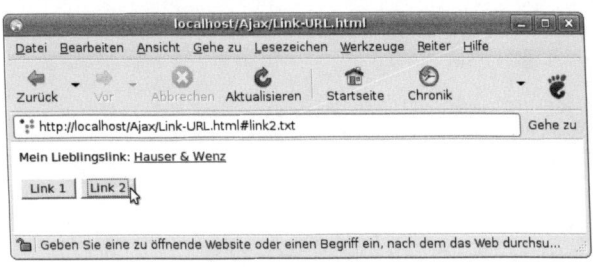

Abb. 4.2: Der Dateiname steht direkt im URL

Profitipp
Sie sollten aus Sicherheitsgründen zusätzlich noch den übergebenen Dateinamen auf Plausibilität prüfen, bevor Sie die HTTP-Anfrage starten.

4.2 Die Zurück-Schaltfläche

Wenn Sie das vorherige Beispiel testen, werden Sie zwei Dinge feststellen:

- Im Internet Explorer funktioniert die Zurück-Schaltfläche im Browser überhaupt nicht; in der Verlaufsliste des IE tauchen die Einzelseiten mit den unterschiedlichen Hash-Werten gar nicht auf.
- In Mozilla-Browsern tauchen die Einzelseiten (mit den Hash-Werten) im Verlauf auf. Allerdings ändert sich die Seite nicht.

Sie müssen also beide Probleme beseitigen. Fangen wir mit den Mozilla-Browsern an. Das Problem ist, dass zwar in der Tat dank der Verlaufsfunktion der Browser zu den einzelnen Unterseiten (mit *#link1.txt* oder *#link2.txt* am Ende) gesprungen werden kann, der Browser jedoch die Seiten cacht und somit den Code im load-Ereignis der Seite nicht erneut ausführt. Der Trick besteht in der periodischen Überprüfung, ob die Daten im URL mit den angezeigten Daten übereinstimmen. Im vorliegenden Beispiel muss die globale Variable url also den Wert enthalten, der in location.hash steht. Der folgende Aufruf prüft das viermal pro Sekunde. Wird eine Diskrepanz festgestellt, lädt der Code die gewünschten Daten neu:

```
window.setInterval(
  function() {
    if (ladeHash().length > 1 &&
        ladeHash() != "#" + escape(url)) {
      url = unescape(ladeHash().substring(1));
      ladeURL();
    }
  },
  250
);
```

Für den Internet Explorer muss man sich etwas Besonderes einfallen lassen. Um dort Einträge in die Verlaufsliste eintragen zu können, müssen auch tatsächlich entsprechende Seiten im Browser geladen werden. Damit dadurch das Erscheinungsbild der Seite nicht gestört wird, behilft man sich am besten mit einem unsichtbaren Iframe:

```
<iframe src="Link-Loader.html" name="loader"
style="display:none"></iframe>
```

Wenn jetzt neue Daten vom Server geladen und angezeigt werden, müssen Sie im Iframe einen neuen URL laden. Dieser landet dann auch in der Verlaufsliste des Internet Explorer, denn die Zurück-Schaltfläche wird in diesem Browser global für alle Fenster und Frames behandelt:

```
if (window.ActiveXObject) {
  window.frames["loader"].window.location.search =
    "?" + escape(url);
}
```

Die Zurück-Schaltfläche

Der JavaScript-Code lädt also im Iframe die Datei *Link-Loader.html* und hängt im Querystring den Hash-Wert an. Es ist dabei sehr wichtig, den Querystring zu verwenden, denn nur dann wird jedes Mal eine neue HTTP-Anfrage abgesetzt, die dann auch in der Verlaufsliste des Internet Explorer auftaucht. Würden Sie auf Textmarken setzen, hätten Sie dasselbe Problem wie bei den vorherigen Versuchen: keinen Eintrag in der Browser-History.

Die Datei *Link-Loader.html* erfüllt eine weitere wichtige Funktion: Sie wird beim Navigieren mit der Zurück-Schaltfläche des Browsers aufgerufen und muss im Gegenzug dafür sorgen, dass auch die eigentliche Seite aktualisiert wird, damit die richtigen Daten ausgegeben werden:

Listing 4.5: Die Datei im unsichtbaren Iframe
(*Link-Loader.html*)

```
<script type="text/javascript">
// <![CDATA[
window.onload = function() {
  if (location.search.length > 1 &&
      top.url != unescape(location.search.substring(1))) {
    top.url = unescape(location.search.substring(1));
    top.ladeURL();
  }
}
// ]]>
</script>
```

Sie sehen also: Eine ganze Menge Code, aber der Aufwand lohnt sich; die Zurück-Schaltfläche funktioniert jetzt wieder, Bookmarks können auch gesetzt werden. Hier noch einmal das komplette und zusammenhängende Listing:

4 – Ajax-Probleme und -Lösungen

Listing 4.6: Der Code für eine bookmarkfähige Ajax-Anwendung mit funktionierender Zurück-Schaltfläche (*Link-Back.html*)

```
<script type="text/javascript">
// <![CDATA[

// ...

var url = null;

function DatenAusgeben() {
  if (XMLHTTP.readyState == 4) {
    var l = document.getElementById("Link");
    var json = eval("(" + XMLHTTP.responseText + ")");
    l.innerHTML =
      "<a href=\"" +
      json.url +
      "\">" +
<script type="text/javascript">
// <![CDATA[

// ...

var url = null;

function DatenAusgeben() {
  if (XMLHTTP.readyState == 4) {
    var l = document.getElementById("Link");
    var json = eval("(" + XMLHTTP.responseText + ")");
    l.innerHTML =
      "<a href=\"" +
      json.url +
      "\">" +
      json.text +
      "</a>";
```

Listing 4.6: Der Code für eine bookmarkfähige Ajax-Anwendung mit funktionierender Zurück-Schaltfläche (*Link-Back.html*) (Forts.)

```
    if (ladeHash() != "#" + escape(url)) {
      location.hash = escape(url);
      if (window.ActiveXObject) {
        window.frames["loader"].window.location.search =
          "?" + escape(url);
      }
    }
  }
}

function ladeLink1() {
  url = "link1.txt";
  ladeURL();
}

function ladeLink2() {
  url = "link2.txt";
  ladeURL();
}

function ladeURL() {
  if (XMLHTTP.readyState < 4) {
    XMLHTTP.abort();
  }
  XMLHTTP.open("GET", url, true);
  XMLHTTP.onreadystatechange = DatenAusgeben;
  XMLHTTP.send(null);
}

window.onload = function() {
  if (ladeHash().length > 1) {
    url = unescape(ladeHash().substring(1));
    ladeURL();
```

4 – Ajax-Probleme und -Lösungen

Listing 4.6: Der Code für eine bookmarkfähige Ajax-Anwendung mit funktionierender Zurück-Schaltfläche (*Link-Back.html*) (Forts.)

```
   }
}

window.setInterval(
  function() {
    if (ladeHash().length > 1 &&
        ladeHash() != "#" + escape(url)) {
      url = unescape(ladeHash().substring(1));
      ladeURL();
    }
  },
  250
);

function ladeHash() {
  var hash = location.hash;
  if (hash.indexOf("#") == -1) {
    hash = "#" + hash;
  }
  return hash;
}
// ]]>
</script>
<body>
  <p>Mein Lieblingslink: <span id="Link"></span></p>
  <input type="button" value="Link 1"
    onclick="ladeLink1();" />
  <input type="button" value="Link 2"
    onclick="ladeLink2();" />
  <iframe src="Link-Loader.html" name="loader"
style="display:none"></iframe>
</body>
```

Abb. 4.3: In Mozilla-Browsern erscheinen die Textmarken

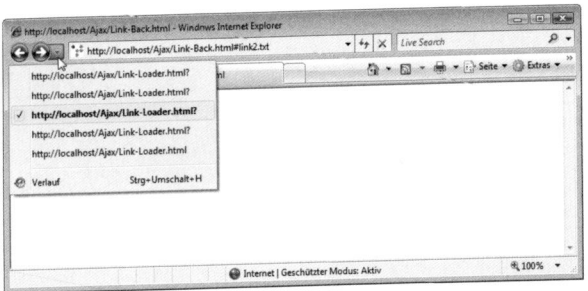

Abb. 4.4: Der Internet Explorer speichert die Aufrufe im Iframe

Je nachdem, wie Ihre Anwendung aufgebaut ist, brauchen Sie eine eigene Strategie, um in einer virtuellen Textmarke all die Daten unterzubringen, aus denen Sie die dynamischen Inhalte Ihrer Site reproduzieren. Die Informationen in diesem Kapitel stellen sozusagen das Pflichtprogramm dar, die Anforderungen Ihrer Anwendung bilden die Kür. Und einen Nachteil gibt es auf jeden Fall: Der Workaround für die Vor- und Zurück-Schaltfläche funktioniert leider nicht im Safari und im Konqueror, aber zumindest der Bookmark-Hack ist komplett browserunabhängig.

KAPITEL 5

Ajax – Tipps und Tricks

| 5.1 | Ladezustand ermitteln | 93 |
| 5.2 | Ajax-Timeouts | 98 |

Ajax und insbesondere JavaScript bieten erstaunliche Möglichkeiten, viel mehr, als die Schaffer der Sprache einst für möglich gehalten haben. Allerdings gibt es auch zahlreiche Einschränkungen. Ein Punkt, der bei den bisherigen Ajax-Ausflügen immer ein wenig unter den Tisch gekehrt worden ist, ist die Netzwerklatenz. Bei lokalen Tests ist das Ergebnis vom Server in der Regel unverzüglich da, doch im Internet ist das freilich anders. Es kann eine ganze Zeit dauern, bis die Daten vom Server da sind, und unter Umständen kommen gar keine Daten an, die Verbindung bricht ab. Bei beiden Ereignissen hilft uns das XMLHttpRequest-Objekt nicht weiter, denn das bekommt etwa einen Verbindungsabbruch nicht mit. Aber mit ein wenig JavaScript lässt sich auch dieser Makel ausmerzen.

5.1 Ladezustand ermitteln

Wir haben bis dato immer das load-Ereignis des aktuellen Dokuments verwendet: Erst wenn die Seite komplett geladen worden ist, wird der Code ausgeführt. Das geht so lange gut, solange keine externen Skripte geladen werden – denn load tritt dann in

Kraft, wenn das komplette HTML-Dokument übertragen worden ist; externe Dateien werden hierbei nicht berücksichtigt. Also müssen sich die externen Skripte selbst darum kümmern, ihren Ladezustand mitzuteilen. Das realisieren wir mit einem kleinen Kniff: Jedes Skript meldet sich am Dateiende bei der ladenden Seite an, indem es eine spezielle Funktion aufruft. Als Name bietet sich beispielsweise geladen() an:

```
if (typeof(geladen) != "undefined") {
  geladen();
}
```

Um ein langsames Netzwerk bzw. hohe Last zu simulieren, versehen wir ein PHP- und ein ASP.NET-Skript mit einer Verzögerung zwischen drei und sieben Sekunden; es dauert also immer unterschiedlich lang, bis die Daten vom Server kommen:

Listing 5.1: Ein langsam ladendes PHP-Skript (*langsam.php*)

```
<?php
  sleep(rand(3, 7));
?>
if (typeof(geladen) != "undefined") {
  geladen();
}
```

Listing 5.2: Ein langsam ladendes ASP.NET-Skript (*langsam.aspx*)

```
<%@ Page Language="C#" %>

<script runat="server">
void Page_Load() {
  System.Threading.Thread.Sleep(
    1000 * (new Random().Next(3, 7)));
}
</script>
```

Listing 5.2: Ein langsam ladendes ASP.NET-Skript (*langsam.aspx*) (Forts.)

```
if (typeof(geladen) != "undefined") {
  geladen();
}
```

Diese externen Dateien werden nun dynamisch geladen. Die Funktion ladeSkript() verwendet DOM, um ein <script>-Element in die aktuelle Seite einzufügen. Außerdem wird eine globale Variable ladestand um eins erhöht, um mitzuzählen, wie viele Dateien noch zu laden sind:

```
function ladeSkript(name) {
  var s = document.createElement("script");
  s.setAttribute("type", "text/javascript");
  s.setAttribute("src", name);
  var body =
    document.getElementsByTagName("body")[0];
  body.appendChild(s);
  ladestand++;
}
```

Ist die Datei dann tatsächlich geladen, wird – wie vorher gezeigt – die Funktion geladen() aufgerufen. Dort wird natürlich der Zähler wieder zurückgesetzt. Ist er irgendwann auf null, sind tatsächlich alle Skripte da.

```
function geladen() {
  ladestand--;
  if (ladestand == 0) {
    // alles ist geladen!
  }
}
```

Nachfolgend ein komplettes Listing, das außerdem noch verrät, wie viele Dateien noch zu laden sind. Dabei wird das PHP-Skript verwendet; eine auf ASP.NET angepasste Variante finden Sie in den Downloads zu diesem Buch.

Listing 5.3: Überwachung des Ladezustands (*Ladestand-PHP.html*)

```
<script type="text/javascript">
// <![CDATA[
var ladestand = 0;

window.onload = function() {
  ladeSkript(
    "langsam.php?d=" + (new Date()).getTime());
  ladeSkript(
    "langsam.php?d=" + (new Date()).getTime());
  ladeSkript(
    "langsam.php?d=" + (new Date()).getTime());
}

function ladeSkript(name) {
  var s = document.createElement("script");
  s.setAttribute("type", "text/javascript");
  s.setAttribute("src", name);
  var body =
    document.getElementsByTagName("body")[0];
  body.appendChild(s);
  ladestand++;
  document.getElementById("Anzahl").innerHTML =
    ladestand;
}
```

Ladezustand ermitteln

Listing 5.4: Überwachung des Ladezustands (*Ladestand-PHP.html*) (Forts.)

```
function geladen() {
  ladestand--;
  document.getElementById("Anzahl").innerHTML =
    ladestand;
  if (ladestand == 0) {
    document.getElementById("Daten").innerHTML =
      "Daten geladen!";
  }
}
// ]]>
</script>
<body>
  <p id="Daten">Lade Daten (noch <span id="Anzahl">0
</span>) ...</p>
</body>
```

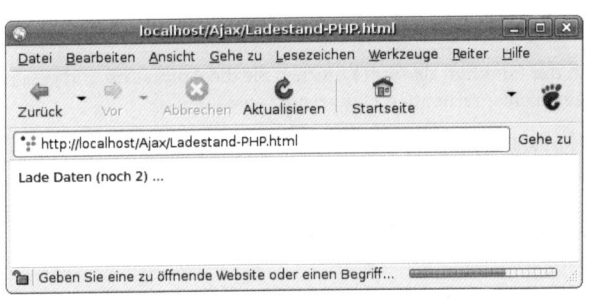

Abb. 5.1: Die Seite ist noch nicht komplett geladen

5.2 Ajax-Timeouts

Was passiert, wenn Sie während einer laufenden Ajax-Anwendung den Netzwerkstecker (bitte nicht den Netzstecker!) ziehen? Vermutlich gar nichts, denn XMLHttpRequest bekommt das gar nicht mit. Es findet eben keine Zustandsänderung mehr statt, das readystatechange-Ereignis tritt einfach nicht mehr ein.

An dieser Stelle bietet sich ein simples, aber effektives Muster an: Wann immer Sie eine HTTP-Anfrage per XMLHttpRequest absetzen, sollten Sie nach ein paar Sekunden prüfen, ob eine Antwort eingetroffen ist. Falls das nicht der Fall ist, brechen Sie die Anfrage mit der abort()-Methode ab.

Technisch funktioniert das wie folgt: Per setTimeout()-JavaScript-Methode sorgen Sie dafür, dass der Zustand des XMLHttpRequest-Objekts nach einiger Zeit überprüft wird, etwa nach fünf Sekunden:

```
id = window.setTimeout("abbruch();", 5000);
```

In der Funktion abbruch() brechen Sie die Anfrage ab und geben einen entsprechenden Hinweistext aus:

```
function abbruch() {
  XMLHTTP.abort();
  var d = document.getElementById("Daten");
  d.innerHTML = "Abbruch wegen Timeout!";
}
```

Sie dürfen nur nicht vergessen, bei erfolgreicher Durchführung der HTTP-Anfrage den Timeout selbst abzubrechen, sonst erscheint die Timeout-Meldung grundlos nach fünf Sekunden:

```
if (XMLHTTP.readyState == 4) {
  window.clearTimeout(id);
}
```

Zum Testen dienen die künstlich verlangsamten Skripte vom Kapitelanfang (Listing 5.1 und 5.2). Nachfolgend ein (leicht gekürztes) Beispiel für ASP.NET; die PHP-Variante finden Sie bei den Buch-Downloads.

Listing 5.5: Das Skript prüft, ob ein Timeout vorliegt (*Timeout-ASPNET.html*)

```
<script type="text/javascript">
// <![CDATA[
var XMLHTTP = null;
var id = null;

// ...

function DatenAusgeben() {
  if (XMLHTTP.readyState == 4) {
    var d = document.getElementById("Daten");
    d.innerHTML = "Daten geladen!";
    window.clearTimeout(id);
  }
}

function abbruch() {
  XMLHTTP.abort();
  var d = document.getElementById("Daten");
  d.innerHTML = "Abbruch wegen Timeout!";
}
```

Listing 5.5: Das Skript prüft, ob ein Timeout vorliegt
(*Timeout-ASPNET.html*) (Forts.)

```
window.onload = function() {
  XMLHTTP.open(
    "GET",
    "langsam.aspx?d=" + (new Date()).getTime(),
    true);
  XMLHTTP.onreadystatechange = DatenAusgeben;
  XMLHTTP.send(null);
  id = window.setTimeout("abbruch();", 5000);
}
// ]]>
</script>
<body>
  <p id="Daten">Lade Daten ...</p>
</body>
```

Wenn Sie dieses Skript im Browser aufrufen, erscheint entweder nach ein paar Sekunden die Meldung „Daten geladen!" oder eben „Abbruch wegen Timeout!".

KAPITEL 6

Ajax serverseitig

6.1 Sajax 102
6.2 ASP.NET AJAX 108

In diesem Buch lag der Fokus auf der Ajax-Technologie an sich und weniger auf den serverseitigen Prozessen im Hintergrund. Das liegt vor allem daran, dass man sich mit der Entscheidung für ein serverseitiges Ajax-Framework sofort auf eine bestimmte Technologie festlegt und andere Systeme oder Frameworks von vornherein außen vor lässt.

Auch dieses Kapitel wird keine ausufernde Beschreibung von serverseitigen Ajax-Frameworks bieten. Zu groß ist die Anzahl der verfügbaren Systeme und außerdem ändern sich diese in regelmäßigen Abständen. Neue Komponenten kommen auf den Markt, andere werden nicht mehr gepflegt und geraten ins Vergessen.

Stattdessen sollen an dieser Stelle exemplarisch zwei Systeme vorgestellt werden, die Ajax für serverseitige Technologien umsetzen.

Eigentlich benötigt man überhaupt kein serverseitiges Framework für Ajax. Wie bereits mehrfach angesprochen, besteht Ajax primär aus dem Absetzen von HTTP-Anforderungen an den Server und der Auswertung der HTTP-Rückgabewerte.

Die Stärke eines Framework liegt darin, dass zumindest einige der notwendigen JavaScript-Grundlagen vor dem Entwickler verborgen werden. So müssen Sie beispielsweise nicht mehr von Hand das XMLHttpRequest-Objekt erzeugen und ansteuern. Je nach Framework gibt es noch mehr oder weniger zusätzliche Funktionalitäten.

Exemplarisch für die gesamte Gattung sollen zwei Frameworks für die beiden zurzeit wohl beliebtesten serverseitigen Skriptsprachen PHP und ASP.NET vorgestellt werden. Für beide Technologien gibt es diverse Ajax-Frameworks und -Bibliotheken, so dass wir eine Auswahl treffen mussten und pro Webtechnologie ein Ajax-Modul kurz vorstellen. Das Framework, das bei PHP zum Einsatz kommt, unterstützt auch eine Vielzahl anderer Sprachen. Das ist einer der Gründe dafür, dass unsere Wahl darauf gefallen ist.

Genauere Implementierungsdetails entnehmen Sie der Dokumentation der jeweiligen Frameworks; es ist gut möglich, dass sich die Ansteuerung seit dem Zeitpunkt der Drucklegung geändert hat. Über die im Vorwort genannte Support-Adresse erhalten Sie dann angepasste Versionen der Listings.

6.1 Sajax

Das Sajax-Framework ermöglicht es, unter anderem mit PHP relativ bequem Ajax-Effekte zu verwenden. Das „unter anderem" bezieht sich darauf, dass Sajax mehrere Sprachen unterstützt und eine relativ niedrige Einstiegshürde aufweist. Die Beispiele in diesem Abschnitt verwenden zwar PHP, aber die Sajax-Distribution (verfügbar unter *http://www.modernmethod.com/sajax/*) enthält unter anderem noch Code für ASP, Cold Fusion, Perl, Python und Ruby. Die Ansteuerung ist dabei immer relativ einheitlich, so dass das folgende Beispiel leicht an andere Sprachen angepasst werden kann.

Wenn Sie PHP verwenden, liegt die gesamte Funktionalität der Bibliothek in der relativ schlanken Datei *Sajax.php* (in Version 0.12 gut 360 Zeilen). Bei der Verwendung von Sajax müssen Sie die folgenden Schritte befolgen, um Ajax einzusetzen, ohne ein einziges Mal XMLHttpRequest tippen zu müssen:

1. Erstellen Sie eine serverseitige Funktion, die dann von der Ajax-Anwendung aufgerufen werden soll.

2. Exportieren Sie diese Funktion mittels Sajax, so dass JavaScript darauf zugreifen kann.

3. Sajax erzeugt eine spezielle JavaScript-Funktion, die dann wiederum die serverseitige Funktion ausführt. Rufen Sie diese auf.

4. Nachdem der serverseitige Aufruf erfolgreich verlaufen ist, ruft Sajax eine JavaScript-Callback-Funktion auf, in der Sie dann auf das Ergebnis zugreifen und es weiterverwenden können.

Zunächst zur serverseitigen Funktion. Diese liefert – wie bereits im vorherigen Kapitel – einen Link zurück, nur dieses Mal wird er zufällig ermittelt, um einen Vorteil gegenüber einer statischen Textdatei aufzuzeigen. Als Parameter erwartet die Funktion ein Thema für den Link. Alle Links sind in einem entsprechenden assoziativen Array abgelegt:

```
function zufallslink($thema) {
  $links = array(
    'blogs' => array(
      'http://www.planet-php.net/',
      'http://www.hauser-wenz.de/blog/'
    ),
```

```
    'technologien' => array(
    'http://www.php.net/',
    'http://www.perl.com/',
    'http://www.asp.net/',
    'http://www.rubyonrails.org/'
    )
  );
  if (array_key_exists($thema, $links)) {
    $zufall = rand(0, count($links[$thema]) - 1);
    return $links[$thema][$zufall];
  } else {
    return '';
  }
}
```

Schritt 2 meldet diese Funktion bei JavaScript an. Im PHP-Code müssen Sie zunächst die Funktion sajax_init() zur Initialisierung aufrufen und dann die Funktion zufallslink() (und alle anderen Funktionen, die für Ajax verfügbar sein sollen) mittels sajax_export() beim System registrieren. Abschließend weisen Sie mit sajax_handle_client_request() die Bibliothek an, sich um alle XMLHttpRequest-Anfragen zu kümmern.

```
sajax_init();
sajax_export('zufallslink');
sajax_handle_client_request();
```

Mit diesen Informationen kann nun Sajax den entsprechenden JavaScript-Code erzeugen, um eine Schnittstelle zu den serverseitigen Funktionen zur Verfügung zu stellen. Im JavaScript-Bereich müssen Sie daher folgenden PHP-Block (!) einbauen, der dann wiederum JavaScript-Code generiert:

```php
<?php
  sajax_show_javascript();
?>
```

Die von Sajax erzeugte clientseitige Funktion für die serverseitige PHP-Funktion zufallslink() heißt x_zufallslink(). Das Präfix x ist fest im System verwurzelt. Wenn Sie also x_zufallslink() aufrufen, erzeugt Sajax ein XMLHttpRequest-Objekt, das – wiederum in Zusammenarbeit mit der Sajax-Bibliothek – die serverseitige Funktion zufallslink() aufruft. Als Parameter übergeben Sie an x_zufallslink() alle Parameter für zufallslink() sowie zusätzlich noch einen Parameter, der auf eine Callback-Funktion verweist. Diese Callback-Funktion wird asynchron aufgerufen, wenn die Rückgabe vom Server da ist:

```
x_zufallslink("...", ladeLink_cb);
```

Die Callback-Funktion erhält als Parameter automatisch die Rückgabe vom Server, so dass Sie diesen weiterverarbeiten können.

Um das vollständige Beispiel zu demonstrieren, enthält die Seite eine HTML-Auswahlliste, um das Thema des Zufallslinks auszuwählen:

```html
<select name="thema" size="2">
  <option value="blogs">Weblogs</option>
  <option value="technologien">Web-Technologien</option>
</select>
```

Eine Schaltfläche startet den kompletten Prozess. Die Ausgabe wird wie schon in Kapitel 4 per JavaScript-DOM-Funktionen erledigt. Hier das komplette Listing:

6 – Ajax serverseitig

Listing 6.1: Ajax mit PHP und Sajax (*Ajax.php*)

```php
<?php
  require_once 'Sajax.php';

  function zufallslink($thema) {
    $links = array(
      'blogs' => array(
        'http://www.planet-php.net/',
        'http://www.hauser-wenz.de/blog/'
      ),
      'technologien' => array(
        'http://www.php.net/',
        'http://www.perl.com/',
        'http://www.asp.net/',
        'http://www.rubyonrails.org/'
      )
    );
    if (array_key_exists($thema, $links)) {
      $zufall = rand(0, count($links[$thema]) - 1);
      return $links[$thema][$zufall];
    } else {
      return '';
    }
  }

  sajax_init();
  sajax_export('zufallslink');
  sajax_handle_client_request();
?>
<script type="text/javascript">
// <![CDATA[
<?php
  sajax_show_javascript();
?>
```

Listing 6.1: Ajax mit PHP und Sajax (*Ajax.php*) (Forts.)

```
function ladeLink(f) {
  var thema = f.elements["thema"]
    .options[f.elements["thema"]
    .selectedIndex].value;
  x_zufallslink(thema, ladeLink_cb);
}

function ladeLink_cb(ergebnis) {
  var l = document.getElementById("Link");
  l.innerHTML =
    "<a href=\"" +
    ergebnis +
    "\">" +
    ergebnis +
    "</a>";
}
// ]]>
</script>
<body>
  <p>Mein Lieblingslink: <span id="Link"></span></p>
  <form>
    <select name="thema" size="2">
      <option value="blogs">Weblogs</option>
      <option value="technologien">Web-Technologien</option>
    </select>
    <input type="button" value="Zufallslink anzeigen"
      onclick="ladeLink(this.form);" />
  </form>
</body>
```

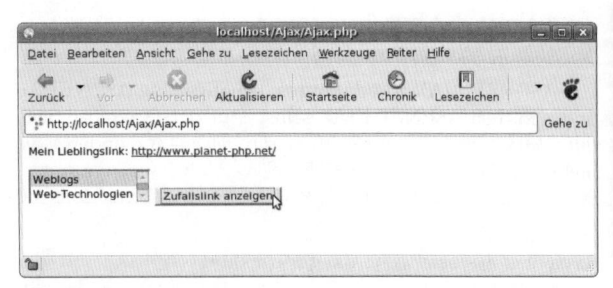

Abb. 6.1: Der zufällige Link aus der gewählten Kategorie erscheint auf Mausklick

Die Sajax-Bibliothek bietet noch weitere Möglichkeiten, doch mit dem Aufruf einer serverseitigen Funktion ist der erste Schritt getan. Sie ersparen sich immerhin das Erzeugen des XMLHttpRequest-Objekts und haben eine etwas einfachere Schnittstelle zwischen Client und Server. Die Sajax-Homepage *http://www.modernmethod.com/sajax/* enthält zahlreiche Beispiele sowie ein Diskussionsforum.

Profitipp

Weitere bekannte PHP-Bibliotheken für Ajax sind JPSpan (*http://sourceforge.net/projects/jpspan*) und das PEAR-Paket HTML_Ajax (*http://pear.php.net/package/HTML_Ajax*).

6.2 ASP.NET AJAX

Auch Microsoft will noch auf den Ajax-Zug aufspringen. Die neue Version 2.0 von ASP.NET enthält mit Client Callbacks eine Technologie, die bereits Ajax nutzt, wenn auch in einem etwas eingeschränkten Rahmen. Doch die nächste Version der Technologie soll ASP.NET AJAX (versal geschrieben!) beinhalten, ein vielversprechendes Ajax-Framework, das ursprünglich einmal

ASP.NET AJAX

Atlas hieß. Unter *http://ajax.asp.net/* gibt es die finale Version von ASP.NET AJAX zum Download.

Um ASP.NET AJAX zu verwenden, benötigen Sie ASP.NET 2.0 und natürlich ASP.NET AJAX selbst. Auf der Download-Seite (*http://ajax.asp.net/downloads/default.aspx?tabid=47*) finden Sie mehrere Pakete aus dem ASP.NET-AJAX-Universum angeboten; Sie benötigen lediglich die ASP.NET 2.0 AJAX Extensions 1.0 (bzw. die jeweils aktuellste Version).

Besonders bequem geht die Entwicklung natürlich mit der Microsoft-IDE Visual Studio 2005 vonstatten, doch von der gibt es auch eine sogenannte Express Edition für Webprojekte, die kostenfrei zum Download erhältlich ist: Der Microsoft Visual Web Developer 2005 Express Edition steht unter *http://www.microsoft.com/germany/msdn/vstudio/express/vwd/* zur Verfügung. Die folgenden Beispiele setzen voraus, dass Sie im Editor eine ASP.NET-AJAX-Website eingerichtet oder die ASP.NET-AJAX-Konfiguration von Hand vorgenommen haben.

Es gibt mehrere Möglichkeiten, von ASP.NET AJAX aus serverseitige Funktionalitäten aufzurufen. Beispielsweise können Sie direkt serverseitige Methoden innerhalb der aktuellen ASP.NET-Seite einsetzen, doch am bequemsten ist es sicherlich, auf einen Web Service zu setzen. Der folgende Web Service (Klassenname *Zufallslink*) implementiert eine Webmethode zufallslink() (also zur Unterscheidung in Kleinbuchstaben!), die – ähnlich wie im vorangegangenen Beispiel – einen zufälligen Link zu einem Thema ermittelt:

Listing 6.2: Der ASP.NET-Web-Service (*Zufallslink.asmx*)

```
<%@ WebService Language="C#" Class="Zufallslink" %>

using System;
using System.Web;
```

Listing 6.2: Der ASP.NET-Web-Service (*Zufallslink.asmx*) (Forts.)

```csharp
using System.Web.Services;
using System.Web.Services.Protocols;
using System.Collections;
[WebService(Namespace = "http://hauser-wenz.de/Ajax/")]
[WebServiceBinding(ConformsTo =
WsiProfiles.BasicProfile1_1)]
[System.Web.Script.Services.ScriptService]
public class Zufallslink : System.Web.Services.WebService
{
  [WebMethod]
  public string zufallslink(string thema)
  {
    string[] blogs = { "http://weblogs.asp.net/",
      "http://www.hauser-wenz.de/blog/" };
    string[] technologien = { "http://www.php.net/",
      "http://www.perl.com/", "http://www.asp.net/",
      "http://www.rubyonrails.org/" };
    Hashtable ht = new Hashtable();
    ht.Add("blogs", blogs);
    ht.Add("technologien", technologien);
    if (ht.ContainsKey(thema))
    {
      string[] links = (string[])ht[thema];
      int anzahl = links.Length;
      int zufall = (new Random()).Next(0, anzahl);
      return links[zufall];
    }
    else
    {
      return "";
    }
  }
}
```

ASP.NET AJAX

Per ASP.NET AJAX können Sie diesen Web Service aufrufen. Der HTML-Aufbau ist identisch zum vorherigen Sajax-Beispiel. Zunächst müssen Sie den Web Service erst einmal laden. Das geschieht, indem Sie den ASP.NET-Ajax-ScriptManager in die Seite einbinden (ruhig im <body>-Bereich) und dort einen Verweis auf den Web Service hinzufügen:

```
<asp:ScriptManager ID="ScriptManager1" runat="server">
  <Services>
    <asp:ServiceReference Path="Zufallslink.asmx" />
  </Services>
</asp:ScriptManager>
```

Auf alle Webmethoden im Web Service können Sie dann mittels <Klasse>.<Methode> zugreifen; im vorliegenden Fall also via Zufallslink.zufallslink(). Als Parameter übergeben Sie wieder einmal die eigentlichen Methodenparameter und dann eine Handvoll Callback-Funktionen. Die erste ist dabei die wichtigste und definiert den Callback, wenn das Ergebnis vom Server vorliegt. Die weiteren Callback-Funktionen kümmern sich um Fehlerbehandlungen (etwa bei einem allgemeinen Fehler, wenn ein Timeout auftritt), sind aber in diesem Beispiel nicht unbedingt notwendig.

```
function ladeLink(f) {
  Zufallslink.zufallslink(
    "...",
    ladeLink_cb);
}
```

Die Callback-Funktion erhält dann das Ergebnis der Webmethode als Parameter, so dass Sie es weiterverarbeiten können. Hier der komplette Code für dieses Beispiel:

schnell + kompakt

6 – Ajax serverseitig

Listing 6.3: Ajax mit ASP.NET AJAX (*Ajax.aspx*)

```
<%@ Page Language="C#" %>

<!DOCTYPE html PUBLIC "-//W3C//DTD XHTML 1.0 Transitional
//EN" "http://www.w3.org/TR/xhtml1/DTD/xhtml1-
transitional.dtd">
<html xmlns="http://www.w3.org/1999/xhtml">
<head runat="server">
  <title>Ajax</title>
<script type="text/javascript">
// <![CDATA[
function ladeLink(f) {
  Zufallslink.zufallslink(
    f.elements["thema"].options[f.elements["thema"]
    .selectedIndex].value,
    ladeLink_cb);
}
function ladeLink_cb(ergebnis) {
  var l = document.getElementById("Link");
  l.innerHTML =
    "<a href=\"" +
    ergebnis +
    "\">" +
    ergebnis +
    "</a>";
}
// ]]>
</script>
</head>
<body>
  <form id="form1" runat="server">
    <asp:ScriptManager ID="ScriptManager1"
      runat="server">
```

Listing 6.3: Ajax mit ASP.NET AJAX (*Ajax.aspx*) (Forts.)

```
    <Services>
      <asp:ServiceReference Path="Zufallslink.asmx" />
    </Services>
  </asp:ScriptManager>
  <div>
    <p>Mein Lieblingslink: <span id="Link"></span></p>
    <select name="thema" size="2">
      <option value="blogs">Weblogs</option>
      <option value="technologien">Web-Technologien
      </option>
    </select>
    <input type="button" value="Zufallslink anzeigen"
      onclick="ladeLink(this.form);" />
  </div>
  </form>
</body>
</html>
```

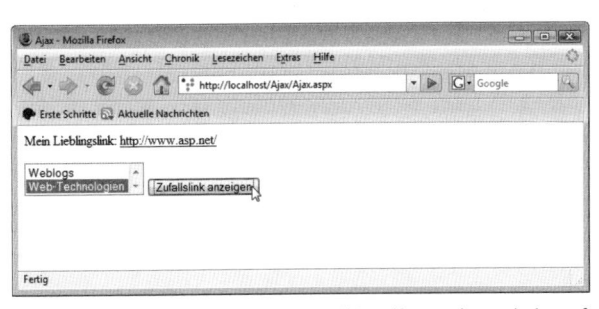

Abb. 6.2: Der zufällige Link aus der gewählten Kategorie erscheint auf Mausklick

Mehr Informationen zu ASP.NET AJAX gibt es auf der Projekt-Homepage *http://ajax.asp.net/* sowie in den zugehörigen Diskussionsforen auf *http://forum.asp.net/*.

Hinweis

Unter *http://ajaxpro.info/* finden Sie Ajax.NET Professional, eine weitere bekannte Ajax-Bibliothek für ASP.NET.

Kurzreferenz

Methoden des XMLHttpRequest-Objekts

Methode	Beschreibung
abort()	Bricht eine Anfrage ab.
getAllResponseHeaders()	Liefert alle HTTP-Header der HTTP-Antwort zurück.
getResponseHeader(Name)	Liefert einen spezifischen HTTP-Header der HTTP-Antwort zurück.
open(Methode, URL [, asynchron [, Benutzername [, Passwort]]])	Initialisiert ein XMLHttpRequest-Objekt.
send(Daten)	Setzt die HTTP-Anfrage ab, mit den optionalen Daten im Körper der HTTP-Anfrage.
setRequestHeader(Name, Wert)	Setzt einen Header-Eintrag für die HTTP-Anfrage.

Eigenschaften des XMLHttpRequest-Objekts

Eigenschaft	Beschreibung
onreadystatechange	Event-Handler beim Zustandswechsel des XMLHttpRequest-Objekts
readyState	Zustand des XMLHttpRequest-Objekts
responseText	HTTP-Rückgabe als Text
responseXML	HTTP-Rückgabe als (JavaScript-/DOM-)XML-Objekt
status	HTTP-Statuscode
statusText	Textbeschreibung des HTTP-Statuscodes

Stichwortverzeichnis

A
ActiveX 15, 59
Ajax
  Begriff 7
  Bookmark 73, 76
  Domain-Beschränkung 26
  Framework 101
  Historie 14
  PHP 102
  serverseitig 101
  synchron 20
  XML 40, 42
  XMLHttpRequest-Objekt 20
  XPath 49
  XSLT 56
  Zurück-Schaltfläche 73, 85
Ajax.NET 114
ASP 102
ASP.NET 102, 108
  Visual Studio 109
  Visual Web Developer 109
  Web Service 109
ASP.NET AJAX 108
  ScriptManager 111
  Web Services aufrufen 109
  Website 109

B
Bookmark 73, 76
  per Textmarke 76
Browser
  Verlaufsliste 85
Browser-Marktanteile 17
Buchupdates 11

C
Callback 20, 103, 111
Chronik 85
Cold Fusion 102
Cross-Site Scripting 81
Cross-Site Tracing 38

F
Framework 101
  Ajax.NET 114
  ASP.NET AJAX 108
  HTML_Ajax 108
  JPSpan 108
  Sajax 102

G
Garrett, Jesse James 7
Google Mail 7
Google Map 7
Google Suggest 7
GoYellow 8

H
Hash 76
History 85
HTML_Ajax 108
HTTP
  Anfrage senden 20
  GET 27
  HEAD 38
  Header 30, 33
  Methode 20
  MIME-Typ 30
  POST 27
  Status 23, 25

Stichwortverzeichnis

I
iCab 16
Iframe 14, 86
Internet Explorer 15
  Version 7 16

J
JavaScript
  Daten serialisieren 39, 63
  Elementzugriff 23
  eval() (Methode) 63
  JSON verarbeiten 65
  Objektnotation 64
  Querystring 87
  Tabelle erzeugen 34, 44
  Textmarke 77
  XML 42
  XPath 50, 51
  XSLT 58, 59
JPSpan 108
JSON 63
  JavaScript-Parser 67, 81
  Syntax 64
  Website 67

K
Konqueror 15, 49

M
Microsoft 108
MIME-Typ 30, 42
Mozilla 15

O
Opera 16, 49

P
Page Refresh 8, 14
PEAR 108
Perl 102
PHP 64, 102

PEAR 108
Python 102

Q
Querystring 76
  mit JavaScript 87

R
Referenz 115
Ruby 102

S
Safari 15, 49
Sajax 102
  Plattformen 102
  Website 108
Serialisierung 39, 63
serverseitige Technologien 101

T
Textmarke 76
  mit JavaScript 77

U
URL-Kodierung 29, 32

V
Verlaufsliste 85
Visual Studio 109
Visual Web Developer 109

W
Web Service 109

X
XML 40, 42
  Browser-Unterstützung 39, 49
  DOM 39
  MIME-Typ 42
  XPath 39
  XSLT 39

Stichwortverzeichnis

XMLHttpRequest-Objekt 10, 14
  abbrechen 32
  abort() (Methode) 32, 115
  Browser-Unterstützung 15
  Domain-Beschränkung 26
  GET 29
  getAllResponseHeaders() (Methode) 33, 115
  getResponseHeader() (Methode) 33, 115
  Historie 14
  HTTP-Anfrage senden 20
  HTTP-Antwort auswerten 33
  instanziieren 16
  MIME-Typ 30
  onreadystatechange (Eigenschaft) 21, 115
  open() (Methode) 115
  open() (Methode)) 20
  Parameter 27
  per Framework 102
  POST 30
  readyState (Eigenschaft) 22, 115
  responseText (Eigenschaft) 23, 115
  responseXML (Eigenschaft) 23, 50, 115
  Rückgabe 23
  send() (Methode) 23, 115
  setRequestHeader() (Methode) 30, 115
  status (Eigenschaft) 23, 115
  statusText (Eigenschaft) 23
  synchron 20
  XML 40, 42
  Zustand 22
XPath 39, 49
  Internet Explorer 49
  Mozilla 51
XSLT 39, 56
  Internet Explorer 59
  Mozilla 58

Y
Yahoo! Web Service 41, 65
  Anmeldung 68
  JSON 68

Z
Zurück-Schaltfläche 73, 85

schnell + kompakt – IT-Wissen im Handumdrehen

Lesen Sie auch die anderen Titel aus der Reihe zu den Themen

- XML-Standards
- XSLT
- Microsoft Ajax
- XNA Framework
- Google Web API
- eBay API
- Google Web Toolkit
- Ruby und Rails
- Db4O
- Social Software
- Ajax
- Software Lifecycle
- Reguläre Ausdrücke
- Next Generation Testing mit TestNG & Co
- Dojo Toolkit
- XSL-FO Praxis
- Sichere Webanwendungen
- XAML

Jeder Band erhältlich in Ihrer Buchhandlung oder direkt bestellen unter *www.entwickler-press.de*.